D1867109

Cedric Dumont

Franz Schubert

Wanderer zwischen den Zeiten

westermann

CIP-Kurztitelaufnahme der Deutschen Bibliothek

Dumont, Cedric:
Franz Schubert. – 1. Aufl. – Braunschweig: Westermann, 1978.
ISBN 3 - 14 - **50 9086** - 0

© Georg Westermann Verlag, Braunschweig,
und Ex Libris Verlag, Zürich (für die Schweiz), 1978
Gesamtherstellung: Georg Westermann Verlag, Druckerei
und Kartographische Anstalt GmbH & Co., Braunschweig
Layout und Herstellung: Georg Bieder
Einbandgestaltung: Heinz Neumann

Inhalt

Einführung

«Was anderen ein Tagebuch ist, in dem sie ihre momentanen Gefühle niederlegen, das war Schuberten so recht eigentlich das Notenblatt, dem er jede seiner Launen anvertraute, und seine ganz durch und durch musikalische Seele schrieb Noten, wenn andere Worte nehmen», schrieb der Dichter-Musiker Schumann ein Jahr nach Schuberts Tod. Damit ist auch schon die Schwierigkeit angedeutet, sein Leben zu erzählen: es bietet, wie bereits der Freund und Theaterdichter Eduard von Bauernfeld erkannte, «so wenig faßbare biographische Züge dar», daß es «sich etwa nur in einer Art poetischer Schilderung darstellen» ließe.

So ruhig und ereignisarm floß Schuberts Leben dahin, so einförmig verstrichen seine Erdentage zwischen Arbeit und genügsamer Zerstreuung, daß mancher seiner Chronisten versucht war, durch ausschmückende Interpretation die fehlenden Akzente zu setzen. Daher rührt es auch, daß das Bild wohl keines anderen Tonkünstlers der Nachwelt so verzerrt und sentimentalisiert überliefert worden ist wie seines, bis hin zur unsäglich platten Figur des hilflos verliebten Schwammerl im «Dreimäderlhaus». Die biedermeierisch-kleinbürgerliche Fassade seines Daseins verdeckt die Tiefe, das Einmalige seiner Geistigkeit. Das Genie Schuberts erweist sich weniger im Kolossalen als in der überlegenen Demut, die Schönheit im Einzelnen zu erfassen.

In diesem Sinn ist Schubert der Wienerischste aller großen Komponisten. Die sinnliche Heiterkeit, die schmiegsame Phantasie, die sich im Völkergemisch dieser Grenzstadt am Kreuzweg der Kulturen zwischen Nord und Süd, Ost und West heranbildeten, prägten auch seine Persönlichkeit und sein Werk. Man fühlt sich an seine Zeitgenossen Grillparzer und Raimund erinnert, an seinen Malerfreund Moritz von Schwind, die sich gleich ihm aus der Wirklichkeit in die Kunst flüchteten. Wien, das ist nicht nur ein geopolitischer Begriff, sondern eine Lebensart. Es ist der – zum Teil geglückte, zum Teil gescheiterte – Versuch, mit der Unbill und den Widrigkeiten des Lebens fertigzuwerden, ohne das Gesicht des Menschen zu verlieren.

Daß Schubert aus dem Leben in seine Musik floh, macht ihn zum Vertreter auch seiner Zeit, der Romantik, die nach einem Wort des Dichters Immermann «von Schatten und Klängen genährt ist». In seinem Werk läßt sich die damals um sich greifende Revolte des grenzenlosen Fühlens gegen glatte Konvention und Vernunft nachweisen. Ihr entspringen das Schwanken des Gefühls zwischen hell und dunkel, Dur und Moll, das Schwelgen in Harmonik und Klang, mit ihr hängt die Problematik der Bändigung und Gestaltung allen Überschwangs zusammen. Schubert hatte das Glück, ein reiches Erbe anzutreten, Glucks, Mozarts und Haydns Wirken war noch lebendig, Beethoven lebte und schuf in zeitlicher und örtlicher Nähe. Es ist sein unsterbliches Verdienst, daß er auf ihnen sein Werk aufbaute und es über sie hinausweisend gestaltete zum Ausdruck seines eigenen Selbst als des romantischen Klassikers.

Wenn es auch immer ein gewagtes Unternehmen bleibt, Musik mit Worten zu schildern – «beschriebene Musik ist halt wie ein erzähltes Mittagessen», sagte Grillparzer –, so erhält dies bei Schubert doch seinen besonderen Sinn: Allzu wenige persönliche Zeugnisse sind uns nämlich von ihm erhalten geblieben, einige Briefe, ein paar Tagebuchblätter, spärliche Notizen. So muß bei Schubert oft das Werk an die Stelle des Erlebten treten, um jene Einheit herzustellen, die uns sein Wesen zu erkennen, verstehen und – lieben erlaubt. Deshalb habe ich mich bemüht, durch Deutung und nicht durch Dichtung zwischen seinem Dasein und seiner Kunst eine Verbindung herzustellen.

Wer heute über Schubert schreibt, schuldet vorab jenem verehrungswürdigen Wiener Kunstgelehrten und Musikforscher Dank, der seine Lebensarbeit im besonderen unter den Leitstern des Meisters gestellt hat: Otto Erich Deutsch. In einer umfassenden Dokumentensammlung und dem zuerst englisch erschienenen Werkverzeichnis hat er den Grund gelegt zur systematischen Erfassung aller Lebens- und Werkdaten Franz Schuberts. Nur wer sich vergegenwärtigt, welch unermeßliche Fülle von Werken Schubert in seinem kurzen Leben hinterlassen hat – Sinfonien und Ouvertüren, Bühnenwerke, Messen und andere Kirchenkompositionen, Klavier- und Kammermusik, Kantaten, mehrstimmige Gesänge und Hunderte von Liedern –, nur wer weiß, welche Schwierigkeiten ihre Sammlung, Einreihung und Datierung bieten, kann ermessen, was für eine hingebungsvolle Anstrengung dazugehört, Schuberts Opus zu erschließen.

Daß ich die verdienstvolle zweite Auflage seines «Thematischen Verzeichnisses seiner Werke in chronologischer Folge», in deutscher Sprache neu bearbeitet und herausgegeben von der Editionsleitung der Neuen Schubert-

Ausgabe und Werner Aderhold, zu Rate ziehen konnte, bevor sie gedruckt war, verpflichtet mich dem Bärenreiter-Verlag. So steht im folgenden die Abkürzung «D» für «Deutsch-Verzeichnis», und von ihm habe ich auch die vereinfachte Bezeichnung der Tonarten übernommen: große Buchstaben stehen für Dur, kleine für Moll.

Die übrigen Mitarbeiter und Helfer alle in Bibliotheken, Lektoraten, Sekretariaten, die mir die Aufgabe erleichtert und mit mir die Freude und Genugtuung geteilt haben, den Erdenweg des Menschen und Musikers Franz Schubert zu verfolgen, sie müssen sich mit einem pauschalen, aber darum nicht minder herzlichen Dank begnügen.

Es gehört zum bleibenden Erlebnis dessen, der über einen Meister der Tonkunst schreibt, daß ihm dieser während der Spanne, da er sich mit ihm beschäftigt, und darüber hinaus zum Begleiter und Vertrauten wird. Möge ein wenig von diesem Glück auf den Leser dieses Buchs ausstrahlen.

Cedric Dumont

ERSTES KAPITEL

Der Sängerknabe

Ich war ein Bruder vieler Brüder und Schwestern.
Unser Vater und unsere Mutter waren gut.
Ich war allen mit tiefer Liebe zugetan.

Schubert in der allegorischen Erzählung
«Mein Traum» vom 3. Juli 1822

Der Knabe, der am frühen Nachmittag des 30. September 1808 an der Hand seines Vaters die Wollzeile herunterkommt, linkerhand in die Schwibbogengasse einbiegt und über den Universitätsplatz auf das k. k. Stadtkonvikt zueilt, hat keine Augen für das geschäftige Treiben in der Wiener Innenstadt. Seine Gedanken kreisen unablässig um das, was ihn in dem großen, dunklen Gebäude erwartet.

Ob er in seinem neuen hechtgrauen Anzug neben den vornehmen Bürgersöhnen bestehen kann? Wird er, da ihm doch jetzt schon das Herz bis zum Hals hinauf schlägt, vor den Herren des hohen Prüfungskollegiums überhaupt einen richtigen Ton herausbringen, oder versagt ihm die Stimme nicht gar den Dienst? Und wenn das Lied, das er prima vista vom Blatt singen muß, für ihn zu schwierig wäre?

Seine Befürchtungen erweisen sich als unbegründet. Zwar mokieren sich die anderen Bewerber über seine einfache Kleidung, sie verstummen jedoch augenblicklich, sobald er mit seiner hellen, reinen Sopranstimme zu singen anfängt – die Arie aus dem dicken schwarzen Notenbuch bereitet ihm keine Schwierigkeiten –, und sogar die Examinatoren werfen sich bedeutungsvolle Blicke zu. Noch bevor er seinen Vortrag beendet hat, steht fest, daß der Schulmeistersohn Franz Schubert die eine der beiden ausgeschriebenen Sängerknabenstellen erhalten und künftig die Uniform des k. k. Stadtkonvikts tragen wird. Antonio Salieri, der als Hofkapellmeister dem gestrengen Gremium vorsteht, hält den Entscheid in seinem Notenbuch fest: «Fra li soprani li migliori sono Francesco Schubert e Francesco Müllner.» Von allen Seiten läßt sich Vater Franz Theodor Schubert zu seinem talentierten und

Das k. k. Stadtkonvikt am Universitätsplatz, heute Dr.-Ignaz-Seipel-Platz, in Wien, wo Schubert 1808 bis 1813 als Hofsängerknabe wohnte.

Der Hof des Hauses, in dessen erstem Stock rechts Schubert geboren wurde.

wohlerzogenen Sohn beglückwünschen. Sein Erfolg bedeutet für ihn zunächst einmal eine große Erleichterung, fällt es ihm doch Jahr für Jahr schwerer, als Volksschullehrer für seine ständig wachsende Familie aufzukommen. Die drei, vier Kreuzer, die er pro Schüler wöchentlich erhält, reichen ja oft kaum für das Nötigste! Der Freiplatz im Konvikt bedeutet für seinen elfjährigen Buben nun nicht nur die bestmögliche allgemeine und musikalische Ausbildung, sondern auf Jahre hinaus kostenlose Unterkunft, Nahrung und Bekleidung. Und schließlich wird es der guten Mutter nicht wenig schmeicheln, daß ihr Kind nun zu den zehn Chorknaben in der kaiserlichen Residenz, der Hofburg, gehören soll.

Das Gärtchen des Geburtshauses mit Blick auf die Kirchtürme Lichtenthal.

Dem Schulmeister und seinem Sohn kommt diesmal der Weg zurück nach Lichtenthal schier endlos vor. Sie können den Moment schon kaum mehr erwarten, da Maria Elisabeth Schubert sich bekreuzigen und ausrufen wird: «Jessas Maria, unsa Bua in Kaiser seiner Kapell'n!»

Es ist, als habe Schubert selbst sich den Flecken Erde ausgesucht, wo er zur Welt kommen wollte. «Himmelpfortgrund» heißt der Ort, und er war, als der spätere Komponist dort, bei Lichtenthal vor den Toren Wiens, am 31. Januar 1797 geboren wurde, noch ringsum von Acker- und Weidefeldern umgeben. Seit zwölf Jahren bereits war der aus Mähren stammende Schullehrer Franz Theodor Schubert mit Maria Elisabeth, der um sechs Jahre

älteren Tochter des schlesischen Schlossermeisters Vietz verheiratet, und Franz Peter – so lautet sein voller Taufnahme – hätte eigentlich, wenn mangelnde Hygiene und ansteckende Krankheiten nicht ganze zehn von ihnen dahingerafft hätten, vierzehn Geschwister haben sollen!

Man könnte meinen, die niedrigen gelben Alt-Wiener Häuser jener Gegend mit ihren Toren zu Innenhof und staubigem Garten hätten die Bewohner gegen die Stürme abgeschirmt, die damals draußen wehten, so wenig drang davon in diese kleine Welt: Napoleon, der sich selbst zum Kaiser der Franzosen gekrönt hatte, überzog ganz Europa mit Schrecken, Krieg und Not, seine Soldaten standen, wie übernatürliche Wesen bewundert und gefürchtet, auch auf österreichischem Boden, ihre Wachfeuer brannten vor Wien, die Stadt wurde besetzt, befreit, besetzt und wieder befreit. Und während all dies geschah, hielt Vater Schubert, wie es ihm die Pflicht gebot und der Gehorsam gegen die Obrigkeit, acht Stunden des Tags Schule zu ebener Erde im Hause «Zum roten Krebsen». Im Obergeschoß lebte, in nur einem Zimmer und Rauchküche gegen den hofseitigen Pawlatschengang die Familie Schubert Tür an Tür mit weiteren fünfzehn Mietparteien. Zusammen mit seinen Brüdern Ignaz, Ferdinand und Karl, zu denen später die einzige Schwester Therese kam, verbrachte Franz hier trotz der engen Verhältnisse frohe, wohlbehütete Kinderjahre. Es war das einfache Leben einer Lehrersfamilie dazumal, der es ihre Anspruchslosigkeit möglich machte, die Armut mit Anmut zu tragen. In der Schulstube wie daheim sorgte der Vater unerbittlich für Ordnung und Zucht, den Haushalt führte die stille, liebenswürdige Mutter. Mit Geschwistern und Nachbarskindern tummelte sich Franz im Hof um den Ziehbrunnen herum, peitschte den Kreisel und ritt auf der Gerte, hänselte wohl auch Bandlkramer, Hausierer und Kräuterweib. Dann und wann kam ein Evangelimann und las aus der Bibel vor, spielten Geiger und Harfenisten auf, denen der kleine Bub mit leuchtenden Augen zuhörte. Zwei bestimmende Wurzeln seines Wesens fanden hier erste Nahrung: der Hang zur Geselligkeit und jene Schubertsche Musikalität, die ohne Wiener Volkskunst nicht denkbar wäre.

Es spricht für die vorsorgliche Sparsamkeit der Eltern Schubert, daß sie im Frühjahr 1801 mit einer Hypothek das zweigeschossige Haus «Zum schwarzen Rössl» schräg gegenüber erwerben konnten. Dorthin zogen Schule

Links: Franz Theodor Schubert, der Vater des Komponisten, entstammte einem mährischen Bauerngeschlecht und war angesehener Schulmeister auf dem Himmelpfortgrund.

Das Haus «Zum schwarzen Rössl» an der Säulengasse, in das die Familie Schubert 1801 übersiedelte und wo wieder Schule und Wohnung zugleich untergebracht waren. Hier erhielt Franz den ersten Unterricht und übernahm er nach der Rückkehr aus dem Konvikt als Gehilfe seines Vaters eine Elementarklasse.

und Familie im folgenden Herbst um. Zu den bald dreihundert Schülern, die hier in Religion, Lesen, Schreiben und Rechnen unterrichtet wurden, gehörte hinfort der sechsjährige Franz, der sich bald als Primus seiner Klasse bewährte. Der Vater war, wie es der Brauch damals von einem Schulmeister verlangte, auch musikalisch begabt und tätig. Er brachte seinem Sohn das Violinspiel bei, und der zwölf Jahre ältere Bruder Ignaz, der schon als Schulgehilfe einsprang, gab ihm die ersten Klavierstunden. «Ich war sehr erstaunt», berichtet Ignaz später, «als er kaum nach einigen Monaten mir ankündigte, daß er nun meines ferneren Unterrichts nicht mehr bedürfe und er sich schon selber forthelfen wolle. Und in der Tat brachte er es in kurzer Zeit so weit, daß ich ihn selbst als einen mich weit übertreffenden und nicht mehr einzuholenden Meister anerkennen mußte.»

Nicht nur seine Familie versetzten die musikalischen Fortschritte des Jüngsten in Erstaunen. Als er für eine weitere Ausbildung zum tüchtigen und erfahrenen Michael Holzer, Chorregent an der Pfarrkirche zu Lichtenthal, gebracht wurde, versicherte dieser bald, einen solchen Schüler habe er noch nie gehabt: «Wenn ich ihm etwas Neues beibringen wollte, hat er es schon gewußt. Folglich habe ich ihm eigentlich keinen Unterricht gegeben, sondern mich mit ihm bloß unterhalten und ihn stillschweigend angestaunt.»

Der treffliche Mann, ein «etwas weinseliger, aber gründlicher Kontrapunktist», vermochte seinen begabten Schüler dennoch einiges zu lehren: neben Geige, Bratsche und Klavier trat die Orgel, mit der er Kirchenlieder begleiten lernte. Auch mit der Harmonielehre machte er ihn vertraut. Als er den kleinen Musiker jedoch einmal über ein Thema phantasieren hörte, rief er voll Bewunderung aus: «Dieser hat doch die Harmonie im kleinen Finger!» Holzer war der erste, der die außergewöhnliche Musikalität erkannte, die im jungen Franz Schubert schlummerte und darauf wartete, gefördert und entwickelt zu werden. Zu gern sieht man in Schubert das weltfremde Genie, das sein Werk in traumwandlerischer Unschuld nur aus sich hervorzuholen braucht. Er genoß aber, wie wir noch sehen werden, eine gründliche handwerkliche Schulung und arbeitete stetig an ihrer Verbesserung.

Bald schon durfte Schubert zeigen, was er konnte: in der Lichtenthaler Kirche «Zu den vierzehn Nothelfern», wo er elf Jahre zuvor getauft worden war, ließ ihn Holzer mit seinem hellen, klaren Sopran im Chor singen, und dann und wann durfte er sogar ein Violinsolo vortragen, was er «mit dem angemessensten Ausdrucke» tat. Solche Zeichen der Begabung bewogen Vater Schubert, dem Aufruf zu folgen, der am 28. Mai 1808 in der amtlichen «Wiener Zeitung» erschien: «Da in der k. k. Hofkapelle zwei Sängerknabenstellen neu zu besetzen sind, so haben diejenigen, welche eine dieser Stellen zu erlangen wünschen, den 30. September Nachmittag um 3 Uhr im k. k. Konvikte am Universitätsplatz Nr. 796 zu erscheinen, und sich der mit ihnen sowohl in Ansehung ihrer in den Studien bisher gemachten Fortschritte, als auch ihrer in der Musik etwa schon erworbenen Kenntnisse vorzunehmenden Prüfung zu unterziehen, und ihre Schulzeugnisse mitzubringen.» Wir haben den jungen Franz Schubert schon auf seinem Weg zum düstern Bau neben der Jesuitenkirche begleitet und wissen, daß er das Examen bestand. Die etwas altmodische, aber schmucke Uniform der Konvikts-

In der Pfarrkirche zu Lichtenthal wurde Schubert getauft. Sie erhielt ihren zweiten Turm erst ein Jahr vor seinem Tod.

insassen – Dreispitz, schwarzbrauner Rock mit einer kleinen goldenen Epaulette auf der linken Achsel, weiße Strümpfe und Schnallenschuhe – mag ihm den Abschied von zu Hause etwas erleichtert haben. Es war aber ein einschneidender Schritt aus dem wohlbehüteten Kreise der Familie in die militärisch-nüchterne Welt des Konvikts. Einer der sieben Zöglings-Säle, Kameraten genannt, sollte nun für fünf Jahre sein Heim werden.

Das kaiserlich-königliche Stadtkonvikt war 1802 von Franz II. als Erziehungsanstalt für Mittelschüler und Studenten gegründet worden und stand unter der Obhut von Piaristen, Mitgliedern eines Klosterordens für den frommen Schulunterricht. In diesem Internat lebten neben den zehn Sängerknaben, die vom Hof unterhalten und zur musikalischen Gestaltung seiner Gottesdienste in der Burgkapelle herangezogen wurden, Stipendiaten und zahlende Schüler, meist Söhne adliger Offiziere und Beamter, etwa einhundertdreißig insgesamt, die auf eine akademische Laufbahn oder den Staatsdienst vorbereitet wurden. Zu den Fächern gehörte neben Religion, Griechisch und Latein, Mathematik, Naturlehre und Geographie natürlich auch der Musikunterricht. Und diese Kunst galt, wie es in einer Weisung hieß, «nicht nur als ein Bildungsmittel des ästhetischen Sinnes und als eine der unschuldigsten und edelsten Unterhaltungen, sondern auch als ein wenigstens für einen größeren Teil der Zöglinge wesentlicher Gegenstand der Bildungsanstalt».

Der Vorsteher des Konvikts, der geistliche Herr Dr. Franz Innocenz Lang, war zwar selbst nicht musikalisch gebildet, hielt sich aber an jene Anordnung, ließ Instrumente und Noten anschaffen und sorgte dafür, daß seine Schüler in diese Kunst eingeführt wurden. Täglich übte man unter Anleitung der Lehrer, von denen mancher noch einen Zopf nach Theresianischer Art trug. Nicht weniger altmodisch waren ihre Erziehungsmethoden: Stockstreiche und Rippenstöße. «Viele der Konviktisten waren musikalisch, und da auch die Hofsängerknaben und die Sängerknaben der Kirche Am Hof, die sogenannten Ferdinandeer, im Konvikte waren, so fehlte es nicht an lieblichen Stimmen; viele lernten Blasinstrumente spielen, an Geigen war kein Mangel und selbst der Kontrabaß wurde gelehrt; und so bildete sich nach und nach ein Orchester, das sich recht trefflich heranbildete», erinnerte sich ein Absolvent. Wenzel Ruzicka, Bratschist im Burgtheater und Hoforganist, war am Konvikt Klavier- und Schlagmeister. Ihm unterstand das Orchester, und er wurde bald auf den begabten Jungen aufmerksam, der taktfest und mit sicherer Intonation in der zweiten Violine mitspielte. Als Zeichen seines Vertrauens übertrug er ihm das Saiten-Aufziehen, die Betreuung der Kerzenbeleuchtung, die Aufbewahrung der Noten und Instrumente. Wichtiger aber noch: Schubert rückte bald zur ersten Geige vor und durfte gar die Leitung übernehmen, wenn Ruzicka verhindert war.

Wie verwandelt ist er jeweils, der sonst so verschlossene, in sich gekehrte Jüngling, wenn er mit dem Geigenbogen als Taktstock vor dem kleinen Orchester steht. Selbst die älteren Mitschüler ordnen sich dann willig seinem überlegenen Talent unter. Mit glühender Begeisterung erlebt er mit ihnen zusammen jene wunderbare Welt, die wir heute «Wiener Klassik» nennen. Da werden Haydns Sinfonien gespielt mit ihren beseelten langsamen Sätzen, die Schubert besonders bewegen, da erklingen Werke von Mozart, in denen er «die Engel mitsingen» hört, und schon versucht man sich an den frühen Orchesterkompositionen von Beethoven, die erst kurz zuvor nahebei entstanden sind. Daneben läßt Ruzicka aber auch Stücke von Kozeluch, Gyrowetz und Krommer aufführen, Reminiszenzen an seine böhmisch-mährische Heimat, wo tüchtige, aber etwas hausbackene und vielleicht gerade deshalb in Wien recht populäre Kleinmeister herkommen. Wieder erweist sich des Jungen früh entwickeltes Urteil: «O wie fad», murmelt er beim Durchspielen und ärgert sich, daß man «solches Zeug» aufführt, wo doch der verehrte Haydn so viele Sinfonien geschrieben hat.

Den Abschluß dieser Abendkonzerte, die sommers bei offenem Fenster so viele Zuhörer anlocken, daß der gegenüber wohnende Mechanikus Hanacek für die Damen Stühle auf die Straße stellt und die Polizei gegen diese Verkehrsstörung einschreiten muß, bilden effektvolle Ouvertüren von Méhul, Abbé Vogler, selbst Beethovens Vorspiele zu «Coriolan» und «Leonore» kommen ab und zu ins Programm. Einmal, nach der Ouvertüre zu Mozarts «Hochzeit des Figaro», ruft Schubert erregt aus, das sei «die schönste Ouvertüre in der ganzen Welt», um sich allsogleich zu korrigieren: «Bald hätt' ich auf die ‹Zauberflöte› vergessen.»

Nur einmal wurden diese Orchesterübungen unterbrochen: im Frühjahr 1809, als das Heer Napoleons wieder einmal vor den Toren Wiens stand. In aller Eile wurden sie gesperrt, die Bürgerregimenter bezogen auf den Wällen Stellung, und am 12. Mai abends neun Uhr begann die französische Artillerie ihr Bombardement. Während der in der Nähe wohnende Beethoven ängstlich in einen Keller flüchtete, scheint der Krieg, wie Schuberts Mitzögling und lebenslanger treuer Freund Josef von Spaun berichtet, den Internatsschülern wenig Kummer bereitet zu haben: «Es war ein prächtiger Anblick, die glühenden Kugeln im Bogen am nächtlichen Himmel vorüberfliegen zu sehen, während die vielen Feuerbrünste den Himmel röteten. Vor unseren Augen fiel eine Haubitze auf dem Universitätsplatze nieder und platzte in einem der dortigen schönen Brunnen; plötzlich knallte es aber im Hause selbst, indem eine Haubitzgranate auf das Konviktsgebäude gefallen war. Dieselbe durchschlug alle Stöcke, bis in den ersten, und platzte im ersten Stocke im Zimmer des Präfekten Walch, der gerade den Schlüssel umdrehte, um einzutreten. Es war ein großes Glück, daß zufällig die Präfekten in allen drei Stöcken nicht in ihren Zimmern waren, sonst wären vielleicht alle drei erschlagen worden. Einige Spitzbuben unter uns bedauerten, daß es so gekommen, indem wir widrigens dreier unbeliebter Peiniger los geworden wären.»

Bald aber eilt Schubert wie ehedem Sonntag für Sonntag wieder in seiner schmucken Uniform durch das Straßengewinde der Inneren Stadt. Mit seinen Kameraden zusammen kommt er am Stephansdom vorbei und an den Prunkfassaden der Adelspaläste, unter deren Stuckplafonds und Kristalleuchtern Mozart und Beethoven musiziert hatten und in denen jetzt welsche Offiziere einquartiert sind. Durch einen massigen Torweg gelangt er zum Schweizerhof, dem Herzstück der Wiener Burg, steigt dann über schmale Stiegen und Gänge hinauf in die oberste Empore der Hofmusikkapelle, wo zur höheren Ehre Gottes und des Kaisers allsonntäglich festliche Messen von Albrechtsberger, Hasse, Haydn, Mozart oder Salieri gesungen werden. Hier umfängt den kleinen Sänger die imperiale Tradition katholischer Kirchenmusik aus Renaissance, Barock und Klassik, hier vertiefen sich die ländlich-idyllischen Eindrücke aus der Lichtenthaler Parochialkirche draußen in der Vorstadt.

Aus dieser und mancherlei anderen Quellen nimmt der empfängliche Jüngling auf, was später in breitem Strom aus ihm hervorbrechen wird. Solches Lernen aus der Praxis war seinem Wesen gemäß, und seine Fähigkeit, all die Musik, mit der er aufwuchs, in sich aufzusaugen und zu assimilieren, macht ihn zum wienerischsten aller Tonsetzer. Es ist ja geradezu das Besondere und Einmalige der österreichischen Kultur überhaupt, daß sie die Vielfalt an Lebensart, Begabung und schöpferischer Kraft, die sich in der großen weiten Donaumonarchie fand, zum Ausdruck von etwas Unverwechselbarem, Eigentümlichem, eben ganz Wienerischem zu verschmelzen wußte.

Wie von selbst drängte all das Gehörte nach persönlicher Bewältigung und Gestalt. Eines Tages fand ihn Spaun im ungeheizten Musikzimmer allein am Klavier sitzen. «Er versuchte gerade eine Mozartsche Sonate und sagte, daß sie ihm sehr gefalle, daß er aber Mozart schwer gut zu spielen finde. Auf meine freundliche Aufforderung spielte er mir ein Menuett von seiner eigenen Erfindung. Er war dabei scheu und schamrot, aber mein Beifall erfreute ihn. Er sagte mir, daß er heimlich öfter seine Gedanken in Noten bringe, aber sein Vater dürfe es nicht wissen, da er es durchaus nicht wolle, daß er sich der Musik widme.»

So entstehen im Versteckten die ersten kleinen Kompositionen: Quartette, Klavierstücke, Lieder. Es sind noch unfertige Federübungen, frühe Zeugnisse eines Schaffensdrangs, der ihn sein Leben lang nicht mehr loslassen

S. 22/23: Der Stock-im-Eisen-Platz in der Wiener Innenstadt mit Modeläden, Gaststätten und Blick auf das vielfarbig glasierte Ziegeldach und das Steinfiligran der Türme des Stephansdoms.

sollte, Talentproben, von denen wir aber doch bedauern, daß sie, wie so manches von Schubert später noch, verlorengingen. Dieses Hervorquellen übermächtiger Begabung hat den Vater nicht nur überrascht, sondern beunruhigt, wünschte er seinem Sohn doch, wie für die anderen Kinder, die bürgerlich sichere Laufbahn eines Schulmeisters. So wurden Ignaz und Ferdinand, die beiden älteren Söhne, Lehrer wie er, der eine als sein Nachfolger, der andere als Direktor der Haupt-Normalschule. Der dritte Sohn, Karl, blieb zeitlebens Zeichen- und Schönschreiblehrer, und die Tochter Therese heiratete später einen Oberlehrer. Aus dieser Ordnung nun drohte Franz auszubrechen, und das erfüllte den Vater mit Sorge. Deswegen aber und aus Andeutungen in Schuberts romantisch-allegorischer Erzählung «Mein Traum» von 1822 auf ein ernstes Zerwürfnis oder gar einen Hausverweis zu schließen, wie dies viele Biographen und Psychodeuter auf der Suche nach etwas Dramatik im Leben ihres Helden taten, geht wohl zu weit – davon wäre doch auch in den überlieferten Berichten seiner Brüder und Konviktsgenossen etwas zu lesen gewesen. Wie wir überhaupt den Menschen und Künstler Schubert weder verharmlosen noch idealisieren, noch gar, wie das heute Mode wird, psychoanalytisch entschlüsseln wollen. Dafür ist seine Persönlichkeit zu einzigartig und überragend. Fest steht, daß Schubert in den Ferien oft heimkehrte, wo dann täglich Streichquartett gespielt wurde: Haydn, Mozart, Beethoven.

Diese Meister und andere, die uns im Umgang mit Schuberts Lehrzeit begegnen, stehen heute für eine Klassik, deren Rang und Wert über jeden Zweifel erhaben sind. Und doch waren sie damals als Zeitgenossen so verwirrend modern wie für uns irgend ein Komponist unserer Tage. Vordem aber stand selbst das häusliche Musizieren noch in der lebendigen Tradition. Die beiden Brüder Ignaz und Ferdinand spielten Geige, Franz die Viola, die Bratsche, und das Familienoberhaupt Violoncell. Und wenn sich dieses einmal vergriff, mahnte der Sohn respektvoll, aber bestimmt: «Herr Vater, da muß was g'fehlt sein.» Es waren beglückende Stunden des Kunsterlebens, die Franz da im Familienkreis genoß, und es fiel ihm sicher nicht immer leicht, in das lieblos nüchterne Konvikt zurückzukehren, wo die Zöglinge dem Zeitgeist getreu puritanisch streng gehalten wurden. Wenigstens stand es so im Reglement. In der Praxis aber sah es nicht überall so aus. In den Schlafsälen, die etwa je achtzehn Pensionäre aufnahmen, lagen unordentlich Trinkgläser und abgegriffene Romanhefte herum, Wichshäfen, Hutfutterale, Geschirr und Bürsten machten sich auf Betten und Regalen breit. Die Klassenräume waren mit Büchern und Naturalien vollgestopft. Nur wenige Stunden konnten die Schüler durch die hallenden Korridore ins Freie entkommen, sich im Hausgarten mit Ballspiel und Bolzenwerfen vergnügen oder gemeinsame Spaziergänge machen.

Im ersten der uns erhalten gebliebenen Briefe schreibt der junge Franz 1812 an seinen Bruder: «Gleich heraus damit, was mir am Herzen liegt, und so komme ich eher zu meinem Zwecke, und Du wirst nicht durch liebe Umschweife lang aufgehalten. Schon lange habe ich über meine Lage nachgedacht und gefunden, dass sie im Ganzen genommen zwar gut sei, aber doch noch hie und da verbessert werden könnte; du weisst aus Erfahrung, dass man doch manchmal eine Semmel und ein Paar Äpfel essen möchte, um so mehr wenn man nach einem mittelmässigen Mittagsmahle, nach $8^1/_2$ Stunden erst ein armseliges Nachtmahl erwarten darf. Dieser schon oft sich aufgedrungene Wunsch stellt sich nun immer mehr ein, und ich musste nolens volens endlich eine Abänderung treffen. Die paar Groschen, die ich vom Herrn Vater bekomme, sind in den ersten Tagen beim Teufel, was soll ich dann die übrige Zeit thun? Die auf dich hoffen, werden nicht zu Schanden werden. Matthäus Cap. 3, V. 4. So dachte auch ich. – Was wär's denn auch, wenn Du mir monatlich ein Paar Kreuzer zukommen liessest. Du würdest es nicht einmal spüren, indem ich mich in meiner Clause für glücklich hielte, und zufrieden sein würde. Wie gesagt, ich stütze mich auf die Worte des Apostels Matthäus: der da spricht: Wer zwei Röcke hat, der gebe einen den Armen etc. Indessen wünsche ich, dass Du der Stimme Gehör geben mögest, die Dir unaufhörlich zuruft,

Deines
Dich liebenden armen, hoffenden
und nochmal armen Bruders
Franz zu erinnern.»

An diesem nicht ohne treffenden Witz abgefaßten Bittgesuch überrascht nur, daß Schubert als Zögling eines geistlichen Konvikts nicht bibelfester war – die Zitate sind jedenfalls nicht da zu finden, wo der kleine Bittsteller sie herhaben will.

Aller Beschwernis zum Trotz fügte Schubert sich jedoch wie ein Mitschüler später zu berichten weiß, brav in die Gemeinschaft: «Ein ihm angebornes Maß von Ernst und Ruhe, Freundlichkeit und Gutmütigkeit ließ weder eine Freund- noch Feindschaft zu, wie solche unter Knaben und Jünglingen in Erziehungsanstalten gewöhnlich vorzukommen pflegen, um so weniger als Schubert ausser der Studien- und Kollegienzeit die uns gegönnten Erholungsstunden fast immer im Musikzimmer und meist einsam zubrachte. Auch auf den gemeinsamen Spaziergängen der Zöglinge

hielt er sich meist abseits, ging mit gesenktem Blicke, die Hände auf den Rücken gelegt, mit den Fingern wie auf Tasten spielend, ganz in sich gekehrt, sinnend einher. Heftig sah ich ihn nie, lebhaft immer, obwohl sich dies mehr in Miene und Bewegung als in Worten kundgab, die meist kurz und bündig waren und eine gute Dosis Humor verrieten. Lachen sah ich ihn selten, lächeln öfter, auch ohne äussere Veranlassung, mithin als Reflex des inneren Seelenlebens. Professoren und Kollegen liebten ihn wegen seines stillen und soliden Betragens, welches nie in Streitigkeiten und Klägereien sich einliess, noch viel weniger dazu Veranlassung gab. Alle achteten ihn wegen seines schon damals kundgegebenen ausserordentlichen Musiktalentes, und wenn auch damals noch nur wenige von seinen im Konvikte komponierten Liedern wussten, so kannten doch alle seinen Wert als erster Sopransänger der Hofkapelle, als erster Violinspieler und Subdirigent des ausgezeichneten Konviktsorchesters.»

Schuberts Lehrern aber gereicht es zur Ehre, daß sie seine Begabung erkannten und förderten. «Ein musikalisches Talent», steht in seinen Zeugnissen, oder: «Geigt und spielt schwere Stücke prima vista», vom Blatt. Nachdem der alte Wenzel Ruzicka, ähnlich wie der erste Schubertlehrer Holzer, eingestehen mußte: «Dem kann ich nichts lehren, der hat's vom lieben Herrgott gelernt», lud ihn der hochgeachtete Hofkapellmeister Antonio Salieri, eine besondere Vergünstigung, zu kostenlosem Privatunterricht in seine Wohnung an der Spiegelgasse ein. Dort, im großen mit Noten und Instrumenten angefüllten Musikzimmer, empfing ihn der berühmte Maestro von nun an zweimal wöchentlich. Der kleine dunkelhäutige Mann war stets in einen großen Tuchmantel gehüllt, denn ihn fröstelte immer noch im zugigen Wien. Der lebhafte, weltgewandte Italiener, der aus dem venezianischen Legnano kam und das Pech hatte, in der Musikgeschichte unter etliche noch größere Talente zu geraten, war 1766 als Sechzehnjähriger in die Hauptstadt des habsburgischen Reiches gekommen und gelangte nach und nach in den Mittelpunkt des dortigen Musiklebens als respektierter Hofkompositeur und Hofkapellmeister. Seine eigentliche Rolle aber war die eines Mittlers zwischen den Generationen. Er fühlte sich der altbewährten Wiener Schule eines Fux und Gluck verpflichtet, setzte sich mit seinem Rivalen Mozart auseinander – ohne diesen allerdings je ganz zu verstehen – und zählte keine Geringeren zu seinen Schülern als Beethoven, Liszt, Meyerbeer

Links: Antonio Salieri, Hofkapellmeister, Autorität in musikalischen Fragen und Kompositionslehrer Schuberts.

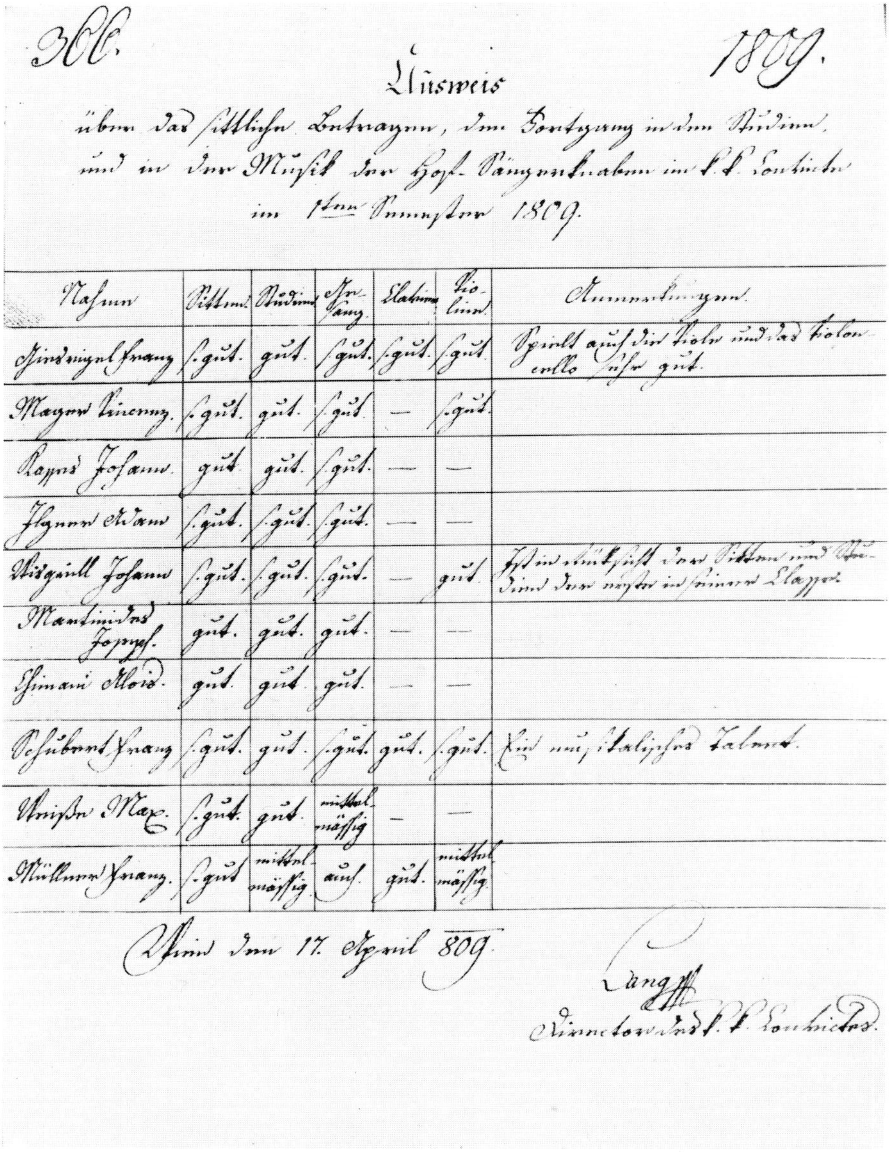

366. 1809.

Ausweis

über das sittliche Betragen, den Fortgang in den Studien, und in der Musik der Hof-Sängerknaben im k. k. Convicte im 1ten Semester 1809.

Nahmen	Sitten	Studien	Gesang	Clavier	Violine	Anmerkungen
Schindrigel Franz	s. gut	gut	s. gut	s. gut	s. gut	Spielt auch die Viole und das Violoncello sehr gut.
Mayer Vincenz	s. gut	gut	s. gut	—	s. gut	
Rappel Johann	gut	gut	s. gut	—	—	
Ilgner Adam	s. gut	s. gut	s. gut	—	—	
Weigl Johann	s. gut	s. gut	s. gut	—	gut	Ist ein Muster sowohl der Sitten und Studien der meisten in seiner Classe.
Martinides Joseph	gut	gut	gut	—	—	
Simoni Alois	gut	gut	gut	—	—	
Schubert Franz	s. gut	gut	s. gut	gut	s. gut	Ein musikalisches Talent.
Weisse Max	s. gut	gut	mittelmässig	—	—	
Müller Franz	s. gut	mittelmässig	auch	gut	mittelmässig	

Wien den 17. April 809

Lang
Director des k. k. Convictes.

Zeugnis über das sittliche Betragen, den Fortgang der Studien und in der Musik der Hofsängerknaben im ersten Semester 1809: der Zögling Schubert erhält gute Noten und die Qualifikation «Ein musikalisches Talent».

– und eben Schubert. Ihn ließ er Aufgaben im mehrstimmigen Satz lösen und Partituren lesen und spielen, zuerst von langweiligen italienischen Opern, dann von Gluck. Und hatte der Knabe seine Sache gut gemacht, schickte ihn der aufgeräumte Meister im nahen Limonadenzelt einen Becher Gefrorenes aus Pomeranzen, Limonen, Ribiseln, Vanille und andern erfrischenden Ingredienzien holen.

Aber doch: zwischen beiden Musikern wollte sich kein rechtes Verhältnis entwickeln, zu vieles stand zwischen ihnen. Salieri wurzelte noch fest in der Tradition der Italianità in der Musik und konnte nicht verstehen, daß sein Schüler vom wohlklingenden Belcanto so wenig wissen wollte und Gedichte in der barbarischen deutschen Sprache las und vertonte. Schubert dagegen fühlte sich ganz als Kind seiner Zeit, der angehenden Romantik, und begann sich für den stürmischen Beethoven zu begeistern, konnte vom Überschwang der zeitgenössischen Dichtung nicht genug bekommen.

So zog sich Schubert wieder auf sich selbst zurück, auf das, was es ihn zu schaffen und singen drängte. «Sehr selten bediente er sich dabei des Klaviers. Er sagte öfters, es würde ihn dies aus dem Zuge bringen», schreibt der spätere Salzburger Landesregierungsrat Albert Stadler. «Ganz ruhig und wenig beirrt durch das im Konvikte unvermeidliche Geplauder und Gepolter seiner Kameraden um ihn her, sass er am Schreibtischchen vor dem Notenblatte und Textbuche niedergebeugt (er war kurzsichtig), biss in die Feder, trommelte mitunter prüfend mit den Fingern, und schrieb leicht und flüssig ohne viele Korrekturen fort, als ob es gerad so und nicht anders sein müsste.»

Die meisten Werke aus diesen Jahren sind verschollen. Erhalten hat sich als eine der allerfrühesten Kompositionen eine Fantasie in G für Klavier zu vier Händen (D 1) aus dem Jahr 1810. Die zweiunddreißig (!) Blätter dieses Werks zeugen bereits vom Tasten und Suchen nach Eigenem, vom Bemühen, die drängende Dramatik des bewunderten Beethoven zu verarbeiten. «Heimlich im stillen hoffe ich wohl selbst noch etwas aus mir machen zu können, aber wer vermag nach Beethoven noch etwas zu machen?» vertraute sich Schubert in einer Mischung von Bescheidenheit und Selbstbewußtsein seinem Intimus Spaun an. Eine zweite solche Fantasie in g (D 9) aus dem folgenden Jahr spricht bereits eine eigenwilligere harmonische Sprache, und die dritte Fantasie in c (D 48) aus dem Jahre 1813, irreführend «Grande Sonate» genannt, weist in ihrem Stimmungsgehalt, ihrem leidenschaftlichen Ausdruck schon unverkennbar eigene schöpferische Züge auf. Für das häusliche Musizieren entwarf Schubert verschiedene zum Teil verlorene, zum Teil unvollendet gebliebene Sätze für vier Streicher. Die beiden ersten vollständigen Streichquartette in C (D 32) und B (D 36) aus den Jahren 1812

Der Neue Markt in Wien mit seinen Händlerständen und Butiken, dem Donnerbrunnen und der langgestreckten Front des Schwarzenbergischen Stadtpalais im

Hintergrund. Links hinten die Mehlgrube, wo zu Beginn des 19. Jahrhunderts Liebhaberkonzerte stattfanden.

bis 1813 zeigen, bei allen Verstößen gegen die strengen Regeln dieser vollkommensten Art des Zusammenspiels von vier Stimmen, im sparsam durchsichtigen Einsatz der Mittel doch schon beachtliches handwerkliches Können.

Die weiteren Streichquartette des Jahres 1813, wieder in C (D 46), B (D 68) und D (D 74), differenzieren sich, werden klanglich und dynamisch freier. Schubert konnte offensichtlich von der Gelegenheit profitieren, solche Versuche im Vaterhaus zu erproben und auf ihre Wirkung nachzuprüfen. Das gilt auch für seine Bläserkompositionen: sie konnte er vom Konviktsorchester erstmals durchspielen lassen. Von einem Oktett in F (D 72) für zwei Oboen, zwei Klarinetten, zwei Hörner und zwei Fagotte sind ein Menuett und das Finale erhalten. Die Partitur trägt die heitere Nachschrift: «Fine mit'n Quartett, welches gecomponiret hat Franzo: Schubert Kaplmaster der kais. chinesischen Hofkappehle zu Nanking, der weltberühmten Residenz von *S*r. Chinesischen Mayestät. Geschrieben zu Wien in an Datum, das i nit wass, in an Jahr, das an 3 am End hat, u. an Anser im Anfang, u. nachher an Ochter u. wieder an Anser: Heisset also: 1813.» Von solchen kammermusikalischen Besetzungen war der kleine Schritt zur vollen Orchesterpartitur bald einmal getan. Aber auch da, in einer Lustspiel-Ouvertüre zu «Der Teufel als Hydraulicus» (D 4) und der Ouvertüre in D (D 12) – womöglich als Übungsaufgabe für Salieri geschrieben –, ist eher der thematische Einfall als das Gestaltungsvermögen bemerkenswert. Daneben zeitigt das Mitwirken in der Lichtenthaler Pfarrkirche und der Hofkapelle erste Früchte auf dem Gebiete der Kirchenmusik: das «Salve Regina» in F (D 27) und ein «Kyrie» in d (D 31), das Bittgebet für eine Messe, – Lehrlingsstücke auf dem Wege zur Meisterschaft.

Anders verhält es sich mit dem ersten erhaltenen Schubert-Lied. So mancher, der über den Komponisten und sein Werk schreibt, ist ängstlich nachzuweisen bedacht, daß er nicht nur in diesem vokalen Bereich, sondern auch auf denjenigen des Klaviers, der Kammermusik und der Sinfonie Bahnbrechendes leistete – und das hat auch seine Richtigkeit. Aber man sollte damit nicht verdecken wollen, daß Schuberts ureigenste Domäne wirklich das deutsche Lied ist, daß er sein eigentlicher Schöpfer und Meister war.

Die Anlage dazu zeigte sich schon früh. Der spätere Magistratsrat Anton Holzapfel schreibt in seinen Konviktserinnerungen: «Es regte sich überhaupt um diese Zeit ein verhältnismässig solides musikalisches Streben unter uns. Auch kam der Gesang zum Klavier, besonders die Zumsteegschen Balladen und Lieder unter uns in Mode.» Dieser heute vielleicht zu Unrecht vergessene Johann Rudolf Zumsteeg, Mitschüler und Freund Schillers an der Karlsschule in Stuttgart, war der bedeutendste und beliebteste Balladenkomponist seiner Zeit. Er eröffnete dem Lied neue dramatische Dimensionen und führte es weg von der starr wiederholten Strophe, hin zur stimmungs- und handlungsfördernden Untermalung. Im Übungszimmer des Konvikts sang Schubert Zumsteegs Kompositionen «mit schon halb brechender Stimme». «Er sagte», berichtet Holzapfel weiter, «er könnte tagelang in diesen Liedern schwelgen.» Das wird ihn auch gereizt haben, Zumsteegs Fassung von «Hagars Klage in der Wüste» (D 5) nach einem weitschweifigen Gedicht von August Schmücking durch eine eigene zu ersetzen. Er verlangt dabei zwar vom Interpreten schier Unmögliches, baut aber vor unsern Ohren bereits eine durchkomponierte, lebendige Musikszene auf. Wie bei diesem Lied hält Schubert sich auch weiterhin an Textvorlagen im pathetisch-moralischen Schauerballadenstil, der zu jener Zeit die Phantasie aller Empfindsamen erregte: «Der Vatermörder» (D 10), «Totengräberlied» (D 44), «Der Geistertanz» (D 15), «Leichenfantasie» (D 7). Die Texte stammen von Pfeffel, Hölty, Matthisson, von Dichtern der Trauer und Trübsal, aber auch, wie das letztgenannte, schon vom großen Schiller, dem prophetischen Sänger jener Epoche.

Dessen Wort «Die Poesie soll ihren Weg nicht durch die kalte Region des Gedächtnisses nehmen, soll nie die Gelehrsamkeit zu ihrer Auslegerin, nie den Eigennutz zu ihrem Fürsprecher machen. Sie soll das Herz treffen, weil sie aus dem Herzen floss», könnte als Motto über dem Werk Franz Schuberts stehen.

Zu erwähnen bleibt noch, um nochmals auf die Kammermusik zurückzukommen, ein Nonett in es (D 79) mit der aparten Besetzung von zwei Klarinetten, zwei Fagotten, Kontrafagott, zwei Hörnern und zwei Posaunen. Der rätselhafte Vermerk «Franz Schuberts Begräbniß-Feyer», der, wie man jetzt weiß, von Schuberts eigener Hand stammen muß, läßt sich nicht eindeutig erklären – er mag ironisch auf das bevorstehende Ausscheiden aus dem Konvikt angespielt haben, galt aber kaum, wie schon behauptet wurde, dem Dresdner Dichter und Freiheitskämpfer Theodor Körner, der im August 1813, wenige Wochen vor der Völkerschlacht, im Gefecht des Lützowschen Freikorps gegen die Franzosen gefallen war.

Nicht lang vorher noch war Körner als erfolgreicher Theaterdichter am Burgtheater in Wien gewesen, und Schubert begegnete ihm dort nach einem Opernbesuch im Kärntnertortheater. Dorthin, wo heute das Hotel Sacher steht, lud Spaun zuweilen seinen Freund ein, hoch oben in den fünften Rang, was ihrer Begeisterung keinen Abbruch tat. Unter anderem sahen und hörten sie da die beliebten Singspiele «Das Waisenhaus» und «Die Schweizerfamilie» von Joseph Weigl, die «Medée» von Cherubini sowie Mozarts «Zauberflöte».

Und eines Abends steht nun «Iphigenie auf Tauris» von Gluck auf dem Programm. «Er war», berichtet uns Spaun, «ganz ausser sich über die Wirkung dieser grossartigen Musik und behauptete, Schöneres könne es auf der Welt nicht geben. Er sagte, die Stimme der Milder durchdringe sein Herz, und bedauerte, Vogl nicht zu kennen, um ihm für seine Leistung als Orestes zu Füßen zu fallen.»

Wie die beiden Freunde, noch ganz hingerissen vom eben Gehörten, das Theater verlassen, stoßen sie auf den jungen Dichter Körner, der mit Spaun gut bekannt ist. Nach solchem Genuß kann man nicht gleich nach Hause gehen, und so kehren sie zu dritt im Gasthof «Zum Blumenstöckl» ein. In diesem Lokal, zu dessen Stammgästen auch Beethoven zählt, schwelgen sie laut und erregt, bis es einem Universitätsprofessor am Nachbartisch zu bunt wird. Die Milder habe gekräht wie ein Hahn, poltert er, sie könne nicht singen, da sie weder Läufe noch Triller zu machen verstehe, und Orestes habe Füße gehabt wie ein Elefant. «Körner und Schubert sprangen», wie Spaun überliefert, «vor Zorn auf, letzterer stiess bei dieser Gelegenheit sein gefülltes Glas mit Bier um, und es kam zum heftigen Wortwechsel, der bei der Hartnäckigkeit des Gegners in Tätlichkeiten übergegangen sein würde, wenn nicht einige beruhigende Stimmen, die auf unsere Seite traten, uns beschwichtigt hätten.» So sanft und friedfertig Schubert sonst auch ist – wenn es um die Kunst geht, versteht er keinen Spaß. Körner aber, der in dem jungen Hitzkopf das Genie erkannt hat, bestärkt ihn, sich ganz der Musik zu widmen und in ihr sein Glück zu suchen.

Am 4. Oktober 1813 brachte Schubert eine Kantate «Zur Namensfeier meines Vaters» (D 80) nach Hause, um sie dort mit seinen Brüdern aufzuführen, ein familiäres Gelegenheitswerk nach eigenem hausbackenen Text

Lange lebe unser Vater Franz!
Lange währe seiner Tage Chor!
Und im ewig schönen Flor
Blühe seines Lebens Kranz.

Rechts: Joseph Weigl, Kapellmeister am Hoftheater und Komponist vieler erfolgreicher lyrisch-idyllischer Singspiele.

Singen mußten diesmal die drei Brüder, und Franz begleitete sie nur auf der Gitarre. Denn seit bald einem Jahr war er im Stimmwechsel, konnte er nicht mehr singen. «Schubert Franz zum letztenmahl gekräht», heißt es am 26. Juli 1812 von fröhlicher Bubenhand in einem Stimmblatt der Hofkapelle. Bei dieser Gelegenheit wird wohl der weitere Berufs- und Lebensweg des Jüngsten zur Sprache gekommen sein. Auch wenn er nicht mehr Sängerknabe war, hatte er die Möglichkeit, seine Studien bis zur Hochschulreife fortzusetzen. «Dem Franz Schubert, Schüler der ersten Humanitäts Klasse, gewesenen Hof Sängerknaben, dann dem Johann Geraus wie auch dem August Gment, welche in beiden Jahres Hälften in zweite Klasse verfielen, dürfte der fernere Aufenthalt im Konvikte dergestalt bewilliget werden, dass der Erstere nach den Ferien die zweite Klasse verbessere . . .; weil Schubert, ein sehr guter Jüngling, wegen seines vorzüglichen musikalischen Talents, und als Verfasser mehrerer guter Musik Stücke vom Kapellmeister Salieri angerühmt wird», meldet der Konviktskurator Graf von Dietrichstein am 26. September 1813 seiner Majestät dem Kaiser Franz, und dieser verfügt allerhöchstselbst: «In Hinsicht der Stiftlinge Franz Schubert, Joh. Geraus und Aug. Gment genehmige Ich Ihre Anträge in so weit dass selbe, wenn sie nach den Ferien die 2te Klasse nicht verbessern, oder in der nächsten Semestral-Prüfung wieder in eine 2te Klasse verfallen, ohne weiteres entlassen werden indem das Singen und die Musik nur eine Nebensache, die guten Sitten und Fleiss im studieren aber die Hauptsache und eine unerlässliche Pflicht bei jenen ist die sich des Besitzes eines Stiftungsgenusses erfreuen wollen.»

Vielleicht hätte auch Vater Schubert den Jüngsten gern sein Studium beenden gesehen, wäre ihm dadurch doch eine geregelte bürgerliche Laufbahn eröffnet worden. Aber er «erkannte», wie Spaun uns mitteilt, «das grosse Talent seines Sohnes und liess ihn gewähren». Franz hatte genug vom Konvikt, er wollte aus dem «Gefängnis» hinaus, wie er es einmal nannte, er wollte komponieren, nur noch komponieren. So verließ Franz Schubert im November 1813 die Anstalt, wo er, das muß gesagt sein, eine gute allgemeine und künstlerische Ausbildung genossen und sich ein solides handwerkliches Rüstzeug angeeignet hatte. Wie wir heute wissen, waren bei seinem Schulaustritt die ihm zugemessenen Jahre bereits zur Hälfte vorüber; Schubert mußte die Zeit nutzen. Daß er sich über deren Vergehen schon damals ernsthaft Gedanken machte, zeigt ein Gedicht, das er im Mai des gleichen Jahres 1813 verfaßt hatte:

DIE ZEIT

Unaufhaltsam rollt sie hin
Nicht mehr kehrt die Holde wieder
Stät im Lebenslauf Begleiterin
Senkt sie sich mit uns ins Grab hernieder.

Nur ein Hauch! - und er ist Zeit
Hauch! schwind' würdig ihr dort nieder
Hin zum Stuhle der Gerechtigkeit
Bringe deines Mundes Tugendlieder!

Nur ein Schall! und er ist Zeit
Schall! schwind' würdig ihr dort nieder
Hin zum Sitze der Barmherzigkeit
Schütte reuig Flehen vor ihm nieder!

Unaufhaltsam rollt sie hin
Nicht mehr kehrt die Holde wieder
Stät im Lebenslauf Begleiterin
Senkt sie sich mit uns ins Grab hernieder.

KAUNITZ

ZWEITES KAPITEL

Der Schulgehilfe

Ehe ich Lektionen gebe,
esse ich lieber schwarzes Brot!

Schubert an seinen Freund
Josef Hüttenbrenner

So war nun Franz Schubert dem «Gefängnis» entronnen. Endlich würde er sich ganz dem Musizieren, dem Komponieren hingeben können, wozu es ihn immer stärker trieb. Der Vater jedoch hatte Bedenken – wie sollte ein armer Lehrerssohn in dieser brotlosen Kunst sein Auskommen finden? Ein Gluck, ein Mozart, der erst kürzlich verstorbene Altmeister Haydn, ja Beethoven noch: Sie alle waren gehalten und abgesichert von einem gesellschaftlichen Koordinatensystem, dessen strahlender Mittelpunkt der Vertreter Gottes auf Erden, der absolute Monarch war. Ihn zu verherrlichen und seinen Glanz zu erhöhen war die vornehmste Aufgabe von Kunst, Musik und Literatur gewesen. Aber all dies hatte sich in den letzten Jahrzehnten grundlegend geändert. Ausgehend von Frankreich und seiner Revolution kam nun, am Ende des achtzehnten und zu Beginn des neunzehnten Jahrhunderts, obwohl überall noch oder wieder Souveräne herrschten, ein neuer Stand zum Zug: das Bürgertum. Zwar trat es im Zeichen von Freiheit und Gleichheit an, aber nach den fiebrigen Wirren und Unruhen strebte man nach der Geborgenheit des Mittelmaßes, weg von aller Unbändigkeit. Niemand leistete sich mehr Künstler zur Verherrlichung eigener Macht, sie blieben auf sich selbst gestellt und hatten es oft schwer, ihr Auskommen zu finden. Nur begreiflich daher, daß Vater Schubert seinen Sohn in den verläßlichen, weniger riskanten Schuldienst einzuspannen trachtete und ihn zurückholte ins Elternhaus.

Es war zu der Zeit, als der Wiener Kongreß zusammentrat, um zu tagen und zu tanzen. Die glänzende Kette von Festen, die aus diesem Anlaß

S. 38/39: Am Wiener Kongreß versammelten sich hohe Fürsten und Staatsmänner, um über die Neugestaltung Europas nach den Napoleon-Kriegen zu beraten.

veranstaltet wurden, beschäftigte allerdings die Bevölkerung mehr, als die von Kaisern, Fürsten und Ministern hart umkämpften Veränderungen auf der Landkarte Europas. Von all dieser Geschäftigkeit und Pracht drang jedoch kaum etwas in das einfache Leben der Familie Schubert. Noch immer schien dort die Zeit stillzustehen, obwohl Franz während seiner Internatszeit einen schmerzlichen Verlust hatte erleben müssen. Die von der ganzen Familie warm geliebte Mutter war am 28. Mai 1812 im fünfundfünfzigsten Lebensjahr am Nervenfieber, wie man damals den Typhus nannte, gestorben. Und schon im April 1813, keine zwölf Monate später, hatte Vater Schubert wieder geheiratet: die erst dreißigjährige Anna Kleyenböck, Tochter eines Seidenzeugfabrikanten. Sie sollte ihm noch fünf Kinder

Schuberts zweite Mutter Anna geborene Kleyenböck.

Schuberts ältester Bruder Ignaz, der Franz das Klavierspiel lehrte und später Direktor der Hauptschule St. Anna (rechts) wurde.

schenken, zwei Mädchen und drei Knaben, und wurde ihnen, aber auch Franz und seinen Geschwistern, eine gute, besorgte Mutter.

In der Schule am Himmelpfortgrund waren die Brüder Ignaz und Ferdinand bereits zu tüchtigen Gehilfen ihres Vaters herangewachsen. Der Unterricht hatte bald einmal so guten Zuspruch gefunden, daß er auf mehrere Zimmer verteilt werden mußte. Es besuchten ihn sogar Schüler aus entfernten Vorstädten, so weit war der Ruf der Schubert-Schule schon gedrungen. Der Vater versah seinen anstrengenden Dienst nach althergebrachten Grundsätzen als tüchtiger Organisator und gottergebener Untertan

In der Lehrerbildungsanstalt der Normal-Hauptschule St. Anna besuchte Schubert einen Kurs für Kandidaten des Schuldienstes.

ihrer Majestät getreu jener Maxime, die er einmal an seinen Sohn weitergeben sollte: «Du weisst schon, dass ich als Jugendlehrer immer gern moralisiere; allein glaube mir, nicht aus Gewohnheit, sondern aus innerlicher Überzeugung, dass kein Mensch wahrhaft glücklich sein kann, als der sich immerhin mit dem lieben Gott beschäftiget, und sich standhaft an seinen heiligen Willen hält. Wir dürfen, ja wir sollen sogar die unschuldigen Lebensfreuden froh und mit dankbarem Gemüte zu Gott mässig geniessen; wir müssen aber auch in trüben Umständen den Mut nicht sinken lassen; denn auch Leiden sind eine Wohltat Gottes und führen den, der standhaft ausharret, zum erhabensten Ziel.» Solche Pflichttreue verschaffte ihm auch bei den Behörden Ansehen: Man verlieh ihm das Wiener Bürgerrecht und machte ihn sogar zum Rechnungsführer des Armeninstituts.

Nach dem Willen dieses überzeugten Pädagogen muß Franz nun also Lehrer werden und die Bildungsanstalt im ehemaligen Jesuitenkloster St. Anna besuchen. In dieser Schule, der später einmal sein Bruder Ferdinand als Direktor vorstehen sollte, wird er zusammen mit anderen Kandidaten auf dem theoretischen und dem praktischen Gebiet der Schulmeisterkunst schnell, aber gründlich ausgebildet, und bald, im Herbst 1814 bereits, vertauscht er die Schulbank mit dem Katheder. Als sechster Gehilfe tritt er in der Schule seines Vaters vor eine «Taferl-Klasse», um ihr das ABC beizubringen. Der Schuldienst fiel ihm schwer – vor allem hielt ihn der ständige Kleinkrieg mit den lebenslustigen Erstklässlern vom Komponieren ab. «Es ist wahr», schreibt er später einmal, «stets wenn ich dichtete, ärgerte mich diese kleine Bande so sehr, daß ich regelmäßig aus'm Konzept kam. Natürlich verhaute ich sie dann tüchtig.» So ging es tagaus, tagein neun Stunden lang, für Kost, Quartier und Kleider. Dazu kamen, um das schmale Gehalt etwas aufzubessern, noch Musikstunden. Kaum hatte er den ungeliebten Schuldienst hinter sich, eilte er in seine Kammer, hüllte sich frierend in den verschlissenen Schlafrock und – «dichtete», komponierte, wie wir es nennen würden.

So unglaublich groß ist die Zahl der Kompositionen, die er damals in seinen freien Stunden geschrieben hat, daß man nicht weiß, wo man mit Aufzählen beginnen soll. Im Mai 1814 bringt Schubert Bücher zum Antiquar, um sich aus dem Erlös ein Billett für die Premiere der letzten, endgültigen Fassung des «Fidelio» zu erstehen. Und wieder entflammt ihn in dieser glanzvollen, umjubelten Aufführung die Glut Beethovenscher Leidenschaft. Er setzt sich hin und schreibt die Musik zur Zauberoper «Des Teufels Lustschloß» (D 84) nach einem Libretto August von Kotzebues. Gefunden hat er es in einem Almanach, worin dieser erfolgreiche Vielschreiber seine Texte «zu allgemeinem Nutz und Frommen gleich bandweise und noch dazu in bequemstem Taschenformat» anbietet. «Alles», warnt der Schriftsteller und Komponist E.T.A. Hoffmann in einer zeitgenössischen Rezension, «Idee des Ganzen, Plan, mechanische Struktur – alles, alles zeigt deutlich, daß Herr von K. auch nicht die entfernteste Ahnung von dem eigentlichen Wesen der wahrhaften Oper hat und daher wohl besser täte, uns bedürftige Komponisten nicht so bitter zu täuschen.» Der ahnungslose Schubert aber setzt die erschröcklichen Ritter- und Spukszenen, die abgeschmackten Reimereien dieses Rührstücks in eine Musik, die trotz allem

Das Innere der Lichtenthaler Pfarrkirche, in der zum ersten Mal ein Werk Schuberts, die Messe in F-Dur, öffentlich aufgeführt wurde.

Therese Grob, Schuberts Jugendfreundin, zu der er eine hoffnungslose Liebe hegte.

erstaunlich sicher und geschickt anmutet. Die Oper jedoch konnte das nicht retten, sie wurde nie aufgeführt. So vielseitig sein Schaffen war, die Bühnendramatik sollte auch fernerhin Schuberts unglückliche Liebe bleiben. Eine andere, diesseitigere Liebe keimt zu jener Zeit aber in ihm auf.

Wie vordem hilft er wieder in den Gottesdiensten zu Lichtenthal aus, im Chor oder an der Orgel. Und als die Pfarrkirche 1814 zur Hundertjahrfeier ihrer Weihe rüstet, schreibt er selbst eine Messe für diesen Anlaß, und zwar für eine stattliche Besetzung, für Solistenquartett, gemischten Chor, Orchester und Orgel.

So wird der 16. Oktober 1814 zu einem großen, festlichen Tag für den jungen Schubert: Zum ersten Mal wird mit der Messe in F (D 105) ein Werk von ihm öffentlich aufgeführt. Auf der Empore versammeln sich die Ausführenden, lauter Jugendfreunde und Leute, mit denen er aufgewachsen ist; sein alter Lehrer Michael Holzer übernimmt den Chor, Bruder Ferdinand sitzt an der Orgel, und er selbst darf das Ganze leiten. Unten im Kirchenschiff füllen sich die Bankreihen mit Bekannten, neugierigen Nachbarn und

Musikliebhabern, die hören wollen, was der siebzehnjährige Schulgehilfe, von dessen Begabung man sich so viel Erstaunliches erzählt, wohl zustandegebracht hat. Selbst Meister Salieri beehrt den Schüler mit seiner Anwesenheit. Innig erhebt sich die Bitte des «Kyrie», das «Herr erbarme dich» geht bald in die festliche Lobpreisung des «Gloria» über. Das «Credo» ist ahnendes Glaubensbekenntnis, und das dankerfüllte «Sanctus» steigert sich zur triumphierenden Verherrlichung. Das «Benedictus» wird, wie es der Brauch ist, von den Solostimmen vorgetragen, und die sanfte Bitte des «Agnus Dei» mündet in das ergreifende Gebet um Frieden «Dona nobis pacem». Das reine, tiefe Gefühl, das diese Musik ausströmt, die Kunstfertigkeit in der kompositorischen Ausgestaltung berühren und überzeugen die Zuhörer. Kein Zweifel: ein Meister, von dem noch Großes erwartet werden kann, hat sich angekündigt! Hinfort gilt Franz Schubert im Sprengel Lichtenthal als ein hochgeachteter und geschätzter Mitbürger.

Mehr aber als alle Anerkennung bedeutet Schubert ein freundlicher Blick der Demoiselle Therese Grob, welche die Sopransoli gesungen hat. Zu diesem schwarzäugigen Mädchen mit der stattlichen, wohlgeformten Figur und den eng anliegenden Haarflechten, zu dieser jungen Sängerin, die seine Weisen so «wunderschön und mit tiefer Empfindung» vorträgt, wie er später einmal sagen wird, faßte Schubert eine zärtliche Neigung. Für Therese hat er bereits verschiedene kleinere Werke komponiert, mit ihr und ihrem ebenfalls musikalischen Bruder hat er schon öfters bei ihrer Mutter, der Witwe eines Schweizer Seidenzeugfabrikanten, im Grob'schen Heim nahe der Lichtenthaler Kirche musiziert. Die Zuneigung war echt und fand auch Erwiderung. Doch es war ihr kein Glück beschieden. «Ich habe Eine recht innig geliebt und sie mich auch», wird er Jahre darauf seinem Freund Anselm Hüttenbrenner gestehen. «Sie war eben nicht hübsch, hatte Blatternarben im Gesicht; aber gut war sie, herzensgut. Drei Jahre lang hoffte sie, dass ich sie ehelichen werde; ich konnte jedoch keine Anstellung finden, wodurch wir beide versorgt gewesen wären. Sie heiratete dann nach dem Wunsche ihrer Eltern einen anderen, was mich sehr schmerzte. Ich liebe sie noch immer und mir konnte seither keine andere so gut und besser gefallen wie sie. Sie war mir halt nicht bestimmt.» Dieser andere war der Bäckermeister Johann Bergmann, dem Therese Grob nach langem Warten sechs Jahre später ihr Wort gab. Sie hatte einsehen müssen, daß Schubert zum Ehemann ebenso schlecht taugte wie zu einem bürgerlichen Beruf. Es war dies die einzige tiefe Herzensbindung zum anderen Geschlecht, von der wir in Schuberts Leben und von ihm selbst Zeugnis haben. Alle Sehnsucht nach Zuneigung und Liebe strömte in sein Werk, und daran liegt es wohl, daß über seiner Musik,

Das Wohnhaus der Familie Grob «Zur heiligen Dreifaltigkeit», in dem Schubert freundschaftlich verkehrte.

auch wenn sie sich heiter gibt, immer ein Hauch von Wehmut liegt: «Wollte ich Liebe singen, ward sie mir zum Schmerz!»

Aus Freude über seinen Erfolg in der Kirche schenkte ihm der Vater ein fünfoktaviges Fortepiano. Wir wissen schon, wie Schubert seine Werke schuf: in einem Atem, ohne Klavier, ohne auf die Umgebung zu achten. Es ist aber wohl nicht zu weit hergeholt, wenn man hinter einem Lied, das er wenige Wochen nach der Aufführung der Messe schreibt, das Zusammentreffen der ersten Liebe mit der Begeisterung über das erste eigene Instrument vermutet. Es geht um «Gretchen am Spinnrade» (D 118), um die Anfangszeilen «Meine Ruh' ist hin, mein Herz ist schwer». Der bewegende, gefühlsintensive Duktus des Gesangsparts, die surrende Bewegung des Spinnrads in der Klavierbegleitung, sie fügen sich in dieser kongenialen Vertonung zu wunderbarer Einheit und zu einer überzeugenden Vertiefung des Goethegedichts. Die Vertonung entstand am 19. Oktober 1814, und dieser Tag wurde, wie der Musikschriftsteller Oscar Bie es formuliert hat, zum Geburtstag des großen deutschen Lieds. In solch früher schöpferischer Vollendung ist ihm in der Geschichte der Musik nur der zwölf Jahre ältere Mendelssohn vergleichbar.

Goethe, der seine Epoche überragende Dichter, ließ Schubert so schnell nicht mehr los: ein Jahr später stieß er auf den «Erlkönig», und wieder ist es die Kombination einer begnadeten Nachschöpfung der Sprachmelodie mit den Begleitfiguren des galoppierenden Pferds, die aus dieser Szene, aus Nacht und Sturm, aus Grauen und Fieberqual ein Werk von atemberaubender Dramatik macht. Auch dieses Lied (D 328) entstand, wie wir bei Spaun nachlesen können, in einem Zug: «Wir fanden Schubert ganz glühend, den ‹Erlkönig› aus dem Buche laut lesend. Er ging mehrmals mit dem Buche auf und ab, plötzlich setzte er sich, und in der kürzesten Zeit, so schnell man nur schreiben kann, stand die herrliche Ballade nun auf dem Papier. Wir liefen damit in das Konvikt, und dort wurde der Erlkönig noch den selben Abend gesungen und mit Begeisterung aufgenommen. Der alte Organist Ruzicka setzte sich dann hin und spielte ihn selbst ohne Gesang in allen Teilen mit aller Teilnahme durch und war ganz gerührt über die Komposition. Als einige eine mehrmals wiederkehrende Dissonanz ausstellen wollten, erklärte Ruzicka, sie auf dem Klavier anklingend, wie sie hier notwendig dem Text entspreche, wie schön sie vielmehr sei und glücklich sie sich löse.»

S. 50/51: Schuberts Handschrift des Liedes «Gretchen am Spinnrade», der ersten von rund siebzig Vertonungen nach Gedichten von Goethe.

Sempre ligato
Forte=
piano.

19. Oct 1814.

Überhaupt suchte Schubert noch oft das Konvikt und seine Freunde dort auf. Gern kam er sonntags, mit ihnen zu plaudern und ihnen vorzuspielen. «Er brachte uns getreulich, was er zuhause komponierte», erinnert sich Albert Stadler, «wir flüchteten uns dann mit ihm (oder auch ohne ihn) in ein abgelegenes Zimmer mit einem Klavier, er oder ich spielten, Holzapfel sang, wir waren von Bewunderung und Entzücken hingerissen. Das waren schöne Zeiten, edle Genüsse der Jugend! Und wenn wir so unsern Gefühlen Luft

Titelblatt der Originalausgabe des «Erlkönig», des ersten Liedes, das Schuberts Namen weitherum bekannt machte.

ERLKÖNIG
BALLADE von GÖTHE,
in Musik gesetzt
und
Seiner Exzellenz dem hochgebohrnen Herrn Herrn
Moritz Grafen von Dietrichstein
in tiefer Ehrfurcht gewidmet
von
Franz Schubert.
1tes Werk.
No 766.
Pr: 2 f. W.W. / 1 f. C.M.
WIEN
in Comission bey Cappi und Diabelli,
am Graben No 1133.

Die «Schlagbrücke» zwischen der Vorstadt Leopoldstadt und der Inneren Stadt.

Zeitgenössische Kupferstiche aus dem Wien zu Schuberts Zeit:

Blick über einen Donauarm auf die von Festungsmauern umgebene Stadt. Im Hintergrund der Stephansdom und der Helmturm von «Maria am Gestade».

Die «Jägerzeile», später Praterstraße, über die Fußgänger, Reiter und Kutschen dem Vergnügen zustreben.

Die große Prater-Allee, wo sich die elegante Welt auf der Promenade und in Kaffeehäusern trifft.

machten, so sass er ganz ruhig am Instrumente, lächelte oder gab irgendeinen Witz preis, aber es freute ihn doch, daß wir ihn verstanden haben.»

Mußten die Kameraden dann zum nachmittäglichen Gottesdienst in die benachbarte Jesuitenkirche, versorgten sie Schubert mit Notenpapier, gaben ihm irgendeinen Band Gedichte und schlossen ihn kurzerhand in eine der Kameraten ein. «Wenn wir aus der Kirche zurückkamen, war gewöhnlich etwas fertig.»

Auf diese Weise entstehen in jenen Jahren Lieder über Lieder, rund dreihundert, zählt man Verlorenes und mehr als einmal Komponiertes nicht mit. Ob dieser ungeheuren Eruption verzagt man fast, darüber in gedrängter Form zu berichten, und es widerstrebt einem, all das einmalig Meisterliche bloß mit einem schmückenden Beiwort abzutun. Es bleibt nur zu hoffen, der Leser werde durch die spärlichen Hinweise angeregt, sich selbst gründlicher in die Wunderwelt des Schubertschen Liedes zu versenken.

Franz Schubert führt uns durch die ganze vielförmige Landschaft der Dichtung jener Zeit, und daß darin Goethe einer der hohen Gipfel war, die auszukundschaften schon der junge Komponist nicht müde ward, zeugt für seinen Literaturverstand. Goethe, der ja nicht nur der maßvolle Wirkliche Geheime Rat und Weltbürger war, als den wir ihn heute zu sehen geneigt sind, sondern auch ein gefährdeter Ekstatiker, ein Wanderer voll geheimer Unrast, Faust und Mephisto in einem. Mit den musikalischen Fassungen drang Schubert tief ins Innere dieser bewegenden dichterischen Sphäre. Das «Gretchenlied» und den «Erlkönig» kennen wir bereits. Hinzu kamen der schlichte «Trost in Tränen» (D 120), «Schäfers Klagelied» (D 121), dann - eher konventionell und von Beethoven vier Jahre zuvor besser, drängender komponiert - «Sehnsucht» (D 123) sowie der großartige, leider unvollendet gebliebene Entwurf zur Domszene aus dem «Faust» (D 126) für eine oder zwei Singstimmen.

So übermächtig bedrängte Schubert die Kraft der schöpferischen Inspiration, daß er an einzelnen Tagen bis zu acht Lieder schrieb, darunter einige gar noch in verschiedenen Fassungen. So entstanden zum Beispiel am 27. Februar 1815 nach der ersten Fassung von des «Sängers Morgenlied» (D 163) nach Körner Vertonungen von Goethes «Am Flusse» (D 160) und «Nähe des Geliebten» (D 162). Letzteres ist bei gleichbleibender anmutiger Gesangsstimme mit zweierlei Begleitung versehen, in welcher der Schritt vom 6/8- zum 12/8-Takt auch einen Fortschritt zu größerem Atem bedeutet. Aber noch nicht genug: Gleichen Tags entstand schließlich auch noch «An Mignon» (D 161), das die Reihe von Schuberts «Wilhelm Meister»-Vertonungen eröffnet. Dieses Werk, das, wie der Dichter selbst es ausdrückte, «gerade da anklopfte, wo der wahre menschliche Schmerz und die wahre Lust, wo eigentliches Leid und Freude wohnen», inspirierte Schubert immer wieder neu zu bedeutenden Leistungen. Zu nennen wäre außer dem bereits erwähnten mit den Anfangszeilen «Über Tal und Fluß getragen»: «Kennst du das Land, wo die Zitronen blühn?» (D 321), Inbegriff der romantischen Sehnsucht nach dem Süden, sowie die Gesänge des geheimnisvollen Harfners, «Wer sich der Einsamkeit ergibt» (D 325) in drei Versionen, «An die Türen will ich schleichen» (D 479) und das schmerzliche «Wer nie sein Brot mit Tränen aß» (D 480).

Wellig gebrochene Akkorde geben der «Meeres Stille» (D 216) berückende Weite, und «Wandrers Nachtlied» (D 224) bittet um Frieden, strömt Frieden aus. Wieder steigt ein Gipfel vor uns auf: «Rastlose Liebe» (D 138), ein Lied voll melodisch und harmonisch neuartiger, wirklich rastloser Leidenschaft. Als Gegensatz dazu das duftigreine «Heidenröslein» (D 257) und die Ballade «Der König in Thule» (D 367), volksliedhafter Naturgesang. Unvergeßlich auch das herrliche, gefühlsüberglänzte «An den Mond» (D 259), womit Schubert ein vollkommenes Gedicht in seiner Tiefe vollkommen erfaßt, und das innige «Wonne der Wehmut» (D 260). Davon verschieden in Form und Sphäre: «An Schwager Kronos» (D 369) und «Ganymed» (D 544) aus den Jahren 1816 und 1817 – transzendierende Hymnen voll Kraft und Schwung.

In dieser dithyrambischen Welt lebte auch Goethes großer Freund und Antipode Schiller. Stimmt man dessen Ausspruch zu, das Schicksal dichterischer Werke sei «an das Schicksal der Sprache gebunden, die schwerlich auf dem jetzigen Punkte stehen bleibt», so läßt sich verfolgen, wie Schuberts Vertonung seinen Gedichten dazu verholfen hat, daß sie nicht nur «in Gymnasien» weiterleben und ihre Unsterblichkeit bloß «in einem Bücherriemen mühsam fortgeschleppt wird». Des Dramatikers Ballade «Der Taucher» (D 77) wird in Tönen nachdramatisiert, ebenso die Szene der Heldin aus den «Räubern», «Amalie» (D 195), und die «Gruppe aus dem Tartarus» (D 583), kolossalisch kühn in ihrem Sturm und Drang.

So wie andere in diesem Alter wahllos Bücher verschlingen, nahm sich Schubert damals alles, was ihm an Vertonenswertem unter die Augen kam. «Jeder, welcher ihm in dieser Zeit ein Gedicht zur Komposition übergab», entsinnt sich Spaun, «durfte überzeugt sein, daß, wenn es den Tonsetzer ansprach, des anderen Tages die Komposition auf die gelungenste Weise vollendet sein werde.» Dabei stieß Schubert auch auf die neblig fahlen Heldengesänge des gälischen Barden Ossian. Es waren dies, wie erst später entdeckt wurde, Fälschungen des schottischen Dichters James Macpherson, der damit eine Modewelle der Begeisterung für vermeintlich heidnisch-germanisches Sangestum auslöste. Ossians Gesänge waren die Lieblingslektüre Napoleons, beschäftigten Byron und Herder, Goethe und Schiller, und Schuberts Musik zu «Kolmas Klage» um Bruder und Geliebten, die einander erschlagen hatten (D 217), zu «Cronnan» (D 282), «Das Mädchen von Inistore» (D 281) und «Shilric und Vinvela» (D 293) läßt uns heute noch nachfühlen, welche Macht rhapsodischer Trauer und schwermütiger Phantasie ihnen innewohnte. In diesen Kreis schwärmerischer Naturpoesie, des heroischen Kults von Liebe und Freundschaft, gehört auch Friedrich Gottlieb Klopstock, für dessen Ode «Dem Unendlichen» (D 291) Schubert den richtigen Ton erhabener Feierlichkeit fand. Zarte Innerlichkeit umfängt die «Klage an den Mond» (D 436) des frühverstorbenen Heinrich Christoph Hölty, und «Der Wanderer» (D 489) des Lübeckers Georg Philipp Schmidt findet auf seiner Suche nach dem unerreichbaren Ideal der Behausung – «Dort, wo du nicht bist, dort ist das Glück!» – stimmiges musikalisches Geleit.

Mochte Franz Schubert in der Schule nur Gehilfe sein, im Liede war er nun Meister. Das, man verzeihe das Wort, unverwüstliche «Wiegenlied» (D 498) «Schlafe, schlafe, holder süßer Knabe» ist so bekannt, daß man es aus seiner Allerweltsbeliebtheit wieder zurückführen möchte zum beseligenden, intimen Einssein von Mutter und Kind. Fälschlicherweise schrieb der Komponist diesen schlichten Text Matthias Claudius zu. Die wunderbare Einfalt des «Abendlieds» (D 499) dagegen, «Der Mond ist aufgegangen», spricht ebenso unverkennbar die höchst kunstvoll naive Sprache des Wandsbeker Dichters wie «Der Tod und das Mädchen» (D 531), das Schubert im Februar 1817 in Musik setzte. Der Tod, der nicht als dräuender Geselle anklopft, sondern als Freund, als des Schlafes Bruder, er wird den Komponisten und Menschen Schubert noch oft beschäftigen.

Wieder ein anderes Bild: die glitzernd-geschmeidige Forelle, wie sie gegen die kaltklare Strömung des Flusses anschwimmt. Gleich seinem Gegenstand hatte dies wohl berühmteste Lied Franz Schuberts mancherlei Abenteuer zu bestehen. Als er es – nach einem Gedicht von Friedrich Daniel Schubart – komponiert hatte, «brachte er es am selben Tage zu uns ins Konvikt zum Probieren», erinnert sich Johann Leopold Ebner, «und es wurde mit dem lebhaftesten Vergnügen mehrmals wiederholt; plötzlich rief Holzapfel:

S. 64/65: Eigenhändige Niederschrift des Liedes «Die Forelle» mit der schlaftrunken darübervergossenen Tinte.

Singst.
Piano
Forte

Geschrieben am 21. Februar 1818 Nachts um 12 Uhr.

‹Himmel, Schubert, das hast du aus dem Coriolan.› In der Ouvertüre jener Oper ist nämlich eine Stelle, die mit der Klavierbegleitung in der ‹Forelle› Ähnlichkeit hat; sogleich fand dieses auch Schubert und wollte das Lied wieder vernichten, was wir aber nicht zuliessen, und so jenes Lied vom Untergang retteten.» Und fast ein Jahr später, im Februar 1818, setzte er sich nach einigen Flaschen guten ungarischen Szekszárder Rotweins hin, es für einen Freund zu kopieren. Seine Begleitnotiz am Rande des Notenblatts ist erhalten: «Als Beweis meiner innigsten Freundschaft schicke ich Ihnen hier ein anderes, welches ich eben jetzt bei Anselm Hüttenbrenner Nachts um 12 Uhr geschrieben habe. Ich wünschte, daß ich bei einem Glas Punsch nähere Freundschaft mit Ihnen schliessen könnte. Eben als ich in Eile das Ding bestreuen wollte, nahm ich, etwas schlaftrunken, das Tintenfass und goss es ganz gemächlich darüber. Welches Unheil!»

Uns braucht dieses Mißgeschick kaum zu beunruhigen, denn das Lied ist uns in nicht weniger als fünf Fassungen erhalten geblieben (D 550), und die zur im schönsten Sinne volkstümlichen Melodie dahinplätschernde Bewegung des Wassers, wie sie das begleitende Klavier zeichnet, weist über das Gesangsstück hinaus zur Kammermusik, zur instrumentalen musica da camera, der kleinen Besetzung für den häuslichen Kreis.

Auch auf diesem Gebiet war Schubert in jenen schaffensreichen Jahren – viele Komponisten hinterließen nach einem langen Leben weniger, als er zwischen 1814 und 1816 schrieb! – staunenswert produktiv. Wie weit weg sind wir schon von den ersten Versuchen! Das Streichquartett in B (D 112), dessen ersten Satz er am 5. September 1814 in viereinhalb Stunden niederschrieb, ist thematisch und klanglich konsequent durchgeführt, mit einem herrlich schubertschen Andante sostenuto; das Streichquartett in E (D 353) aus dem Jahr 1816, das mit seinen komplizierten Rhythmen und heiklen Stakkato-Triolen an Spieler und Zuhörer enorme Ansprüche stellt, ist bereits ein vollkommenes Meisterwerk. Überhaupt nutzte Schubert wie keiner vor ihm die Klangmöglichkeiten der Streichinstrumente aus, durch weite oder enge Lage der Stimmen zueinander, durch neue Streicharten. Das merkt man allerdings noch nicht so deutlich in den drei kleinen Sonaten für Violine und Klavier in D (D 384), a (D 385) und g (D 408) vom Frühling 1816, schönster Hausmusik mit sparsamsten Mitteln, aber noch ganz im Banne von Haydn und Mozart, wohl aber in der Sonate in A für Violine und Klavier (D 574) mit ihrem abwechslungsreichen Figurenwerk und ihrer effektvollen Brillanz – warum wird sie heute nur so selten mehr gespielt?

Dem Klavier ordnet Schubert aber nicht nur begleitende, sondern auch eine selbständige Funktion zu. Für Piano solo schreibt er 1815 die zwei

Sonaten in E (D 157) und C (D 279), beide ohne abschließenden vierten Satz, als fühlte er sich noch nicht reif, diese streng überlieferte Form zu einem guten Ende zu führen. Dann eine Zahl von Ecossaisen, «Schottische» (D 299), eine Art Kontertänze, wie sie in jenem Augenblick Mode waren, von Paaren im Wechselschritt gegeneinander und aneinander vorbei getanzt, und Ländler oder «Deutsche» (D 681), wie man die ersten ländlerischen Walzer auch nannte, die damals das höfisch steife Ritual von Menuett und Gavotte zu verdrängen begannen. Wir werden Schubert später noch auf Tanzabende begleiten und beobachten können, wie unermüdlich und mit welchem Erfindungsreichtum er dazu aufspielte.

Immer wieder aber kehrte er zum Lied zurück, in ihm dachte, fühlte, drückte er sich aus. Und er setzte den Gefährten jener Zeit nicht nur durch seine Freundschaft ein unsterbliches Denkmal, sondern auch durch die Musik, die er zu ihren Versen schrieb.

Da finden wir das Lied «Am See» (D 124) nach einem handgeschriebenen Gedicht von Johann Mayrhofer, mit welchem ihn Josef von Spaun bekanntgemacht hatte. «Mein Verhältnis mit Franz Schubert», schreibt dieser fünfzehn Jahre später, «wurde dadurch eingeleitet, dass ihm ein Jugendfreund mein Gedicht ‹Am See› zur Komposition übergab. An des Freundes Hand betrat 1814 Schubert das Zimmer, welches wir fünf Jahre später gemeinsam bewohnen sollten. Es befindet sich in der Wipplingerstrasse. Haus und Zimmer haben die Macht der Zeit gefühlt: die Decke ziemlich gesenkt, das Licht von einem grossen, gegenüberstehenden Gebäude beschränkt, ein überspieltes Klavier, eine schmale Bücherstelle; so war der Raum beschaffen, welcher mit den darin zugebrachten Stunden meiner Erinnerung nicht entschwinden wird.»

Dieser um zehn Jahre ältere Freund Johann Mayrhofer aus Steyr, Student vormals der Theologie, dann der Rechte, war eine innerlich zutiefst gespaltene Figur: hochgebildet und künstlerisch begabt, liberal und freiheitsliebend, durchlebte er eine ungestüme Zeit als genialischer, unkonventioneller Dichter und Poet, um dann später unter Metternich das biedere Amt eines subalternen Revisors, eines Bücherzensors also, anzunehmen. Und er übte dieses Amt erst noch streng und prüde aus nach dem Grundsatz: «Nichts gegen Kirche, Staat und gute Sitten!» So durften Geistliche und Uniformierte nicht bloßgestellt werden, wurde statt «O Gott» «O Himmel» gesetzt und mußten Fürsten und Könige immer recht behalten – «Halten Sie sich an das Positive!» hatte der Kaiser seine Beamten angewiesen. Seiner Zerrissenheit machte der Unglückliche am 5. Februar 1836 ein Ende: Durch die finsteren Gänge des Amtsgebäudes stieg er in den obersten Stock, nahm eine letzte

Prise Tabak und stürzte sich hinunter auf die Straße. Eduard von Bauernfeld dichtete über seinen toten Kollegen:

«Halb vergessen ist Euch jener
Wiener Dichter, hiess Mayrhofer;
Viele seiner Poesien
Componierte sein Freund Schubert.

Nur Musik konnt' ihn bisweilen
Aus der stumpfen Starrheit lösen,
Und bei seines Schuberts Liedern
Da verklärte sich sein Wesen.»

Johann Mayrhofer, schwermütiger Dichter und Revisor, Freund und lange Wohngenosse Schuberts.

Franz von Schober, dem Schubert einmal schrieb: «Was Du mir warst, kann mir leider niemand anderer seyn.»

Mayrhofers Grundgefühl für Dichtung und Tonkunst, seine Schwermut wohl auch ließen Schubert in ihm einen Verwandten im Geiste erfühlen, denn trotz allem äußeren Gleichmut und Frohsinn war der Schmerz eine der Quellen seiner Kunst. «Kennen Sie eine lustige Musik?» fragte er einmal.

Ebenfalls durch Josef von Spaun, den unermüdlichen Freund und Förderer, lernte Schubert den so ganz anders gearteten Schöngeist Franz von Schober kennen. In Schweden als Sohn eines kursächsischen Hofrats von einer österreichischen Mutter geboren, lebte er in Wien als Jura-Student. Dieser Vielbegabte, dem es ein großes ererbtes Vermögen erlaubte, Gaben und Mittel zu verschwenden, war das Urbild des romantischen Talents zwischen Kunst und Dilettantismus. Er dichtete, malte, musizierte und schauspielerte, genoß das Leben zwischen Musen und Grazien. Einen «gescheiten, ja göttlichen Kerl» nannte ihn Schubert zärtlich, und das Hohelied auf ihre gemeinsame Kunst, «An die Musik» (D 547), hat diesen mit ihm unsterblich gemacht.

Josef von Spaun endlich, dem Schubert diese Bekanntschaften verdankte, kennen wir schon von der Zeit her, als ihm der Knabe zuflüsterte: «Sie sind mir der Liebste im ganzen Konvikt, ich habe sonst keinen Freund darin.» Spaun, inzwischen Konzipist bei der Lottodirektion, war einer jener hochgebildeten, gescheiten Beamten, denen die Kultur des alten Österreich so viel zu verdanken hat. Er wurde sein Leben lang nicht müde, dem in allen Lebensdingen unerfahrenen Musiker, dessen Genie er früh erkannt hatte, zur Seite zu stehen, ihm Ratgeber, Helfer und begeisterter Zuhörer zu sein.

So formt sich um Schubert jener Kreis von Freundschaft, der für sein Leben und Wirken so bedeutsam werden sollte.

Wie sehr der Schulgehilfe daneben aber noch in der Welt seiner Kindheit verwurzelt war, offenbart die kirchliche Musik, die er in jenen Jahren schrieb und die meist für Aufführungen im heimischen Gotteshaus «Zu den vierzehn Nothelfern» in Lichtenthal bestimmt war. Sie ist für ihn nicht so sehr Zeichen eines ergebenen Glaubens wie noch bei Haydn, Mozart oder selbst bei Beethoven, sondern persönliches Bekenntnis zur Religion, wie sie der Romantiker Novalis verstand: als höchstes Produkt eines harmonischen Zusammenwirkens von Glaube und Vernunft. Es ist deshalb wohl nicht ohne Bedeutung, daß Schubert in all seinen Messen aus den Credos die Worte «credo in unam sanctam catholicam et apostolicam ecclesiam», «ich glaube an die eine heilige, katholische und apostolische Kirche», wegließ. Nicht zufällig schrieb er einmal, daß er sich «zur Andacht nie forcire», und so sind auch die drei Messen aus jenen Tagen nicht kultische Gemeinschaftswerke, sondern ganz persönlicher Ausdruck lyrisch-musikalischer Sehnsucht nach einem heiligen Gefühl: jene zartempfundene, nur von Streichern und Orgel begleitete in G (D 167), die 1815 entstandene, mehr weltzugewandte in B (D 324), die mit vollem Orchester, aber ohne Flöten und Klarinetten zugleich an die Klassik anknüpft und in die Romantik weist, und die dritte in C (D 452) vom Sommer 1816, die ebenfalls irdisch heiter gestimmt ist, jedoch im Rahmen von Schuberts Gesamtwerk nicht so bedeutend ist wie die vorangehenden. Dazwischen entstanden unter anderem zwei Offertorien in C und a (D 136, 181) als Begleitung zur Gabendarbringung in der Meßfeier, zwei «Stabat Mater» zum Fest der Sieben Schmerzen Mariä, das eine lateinisch-ernst in g (D 175), das andere in F (D 383) zu Worten von Klopstock. Letzteres erinnert stark an Mozart und einige Takte lang gar an Haydns Kaiserhymne, es verfügt aber schon über die für Schubert typischen modulierenden Übergänge von Tonart zu Tonart und ist damit von ganz besonderm klanglichen Reiz. Bleibt noch ein «Salve Regina» in F (D 223) vom Juli 1815 mit einer Solopartie für Sopran, der angebeteten Therese Grob zugedacht.

Ihr zuliebe und um ihr eine gesicherte Zukunft bieten zu können, bewirbt sich Schubert im April 1816 um die öffentlich ausgeschriebene Stelle eines Musiklehrers an der Normalschule zu Laibach, heute Ljubljana, damals für ihre alte Musiktradition berühmte Hauptstadt des österreichischen Kronlands Krain. Er fügt seinem Gesuch die folgenden Erklärungen bei:

Josef von Spaun, seit der gemeinsamen Konviktszeit Schuberts ältester und treuester Freund, später Hofrat und Direktor der Staatslotterie.

«1. Ist er ein Zögling des k. k. Convicts, gewesener k. k. Hofsängerknabe, und in der Composition Schüler des Herrn von Salieri ersten k. k. Hofkapellmeisters, auf dessen wohlmeinendes Anrathen er diese Stelle zu erhalten wünschet.
2. Hat er sich in jedem Fache der Composition solche Kenntnisse und Fertigkeit in der Ausübung auf der Orgel, Violin u. im Singen erworben, dass er laut beiliegenden Zeugnisses unter allen um diese Stelle nachsuchenden Bittwerbern als der Fähigste erklärt wird.
3. Gelobet er, die bestmögliche Verwendung seiner Fähigkeiten, um einer gnädigen Bittgewähr vollkommen zu entsprechen.»

Die böszungige Überlieferung - die Salieri auch der Vergiftung Mozarts verdächtigt hat - will, daß dieser, der für die Kandidaten aus Wien und Niederösterreich zuständig war, seinen Schüler nur halbherzig empfohlen habe. Fest steht jedoch, daß er ihn selbst zur Bewerbung ermunterte, als andere sich schon gemeldet hatten, und nach «Lubiana» lakonisch meldete: «sta eposto». Es half aber nichts, ein aus Klagenfurt stammender Franz Sokoll, dessen Name nur in Schubert-Biographien überlebt, erhielt die Stelle zugesprochen.

Ähnlich erfolglos verlief ein Versuch seiner Freunde, Schubert zu Anerkennung und Fortkommen zu verhelfen: Im April des selben Jahres wagte es Josef von Spaun zusammen mit Mayrhofer und Schober, sich ehrerbietig an den bewunderten Dichterfürsten und Staatsminister Goethe zu wenden. Von den über vierzig Liedern, die Schubert bisher zu dessen Gedichten komponiert hatte, wurden die sechzehn bedeutendsten - es fehlte wirklich keines! - in sauberer Reinschrift zu einem Heft zusammengetragen, sorgfältig in ein Paket verschnürt und mit einem devoten Begleitschreiben nach Weimar gesandt:

«Der Unterzeichnete waget es, Euer Exzellenz durch gegenwärtige Zeilen einige Augenblicke Ihrer so kostbaren Zeit zu rauben, und nur die Hoffnung, dass beiliegende Liedersammlung Eurer Exzellenz vielleicht keine ganz unliebe Gabe sein dürfte, kann ihn vor sich selbst seiner grossen Freiheit wegen entschuldigen. Die im gegenwärtigen Hefte enthaltenen Dichtungen sind von einem 19jährigen Tonkünstler namens Franz Schubert, dem die Natur die entschiedensten Anlagen zur Tonkunst von zartester Kindheit an verlieh, in Musik gesetzt. Der allgemeine Beifall, welcher dem jungen Künstler sowohl über gegenwärtige Lieder als seine übrigen, bereits zahlreichen Kompositionen von strengen Richtern in der Kunst sowie von Nichtkennern, von Männern sowie von Frauen zuteil wird, und der allgemeine

Wunsch seiner Freunde bewogen endlich den bescheidenen Jüngling, seine musikalische Laufbahn durch Herausgabe eines Teils seiner Kompositionen zu eröffnen ... Diese Sammlung nun wünscht der Künstler Euer Exzellenz in Untertänigkeit weihen zu dürfen, dessen so herrlichen Dichtungen er nicht nur allein die Entstehung eines großen Teils derselben, sondern wesentlich auch seine Ausbildung zum deutschen Sänger verdankt ... Sollte der junge Künstler so glücklich sein, auch den Beifall desjenigen zu erlangen, dessen Beifall ihn mehr als der irgendeines Menschen in der weiten Welt ehren würde, so wage ich die Bitte, mir die angesuchte Erlaubnis mit zwei Worten gnädigst melden zu lassen ...»

Das Heft kommt zurück, aber ohne Antwort. Man darf nun aber Goethe daraus keinen Vorwurf machen. Allzuviele solcher Widmungsgesuche flatterten ihm täglich ins Haus, allzuviele angehende Komponisten wollten an seinem Ruhm teilhaben. Zu revolutionär auch war das, was ihm hier vorgelegt wurde, ihm, der es detestabel fand, «Töne durch Töne zu malen, zu donnern, zu schmettern, zu plätschern und zu patschen». Die Musik hatte sich dem Wort unterzuordnen, denn Goethe befand: «Ich sehe den musikalischen Dingen nicht auf den Grund.» Darum hielt er sich lieber an die bewährt konservative Art seines alten Freundes, des Berliner Singakademiedirektors Carl Friedrich Zelter, dessen Gedichtvertonungen nach seinem Sinne «niemals ein Einfall, sondern eine radikale Reproduktion der poetischen Intentionen» waren.

Alle Hindernisse konnten aber das Verlangen nicht dämpfen, dem Schuldienst zu entrinnen. Es ist kaum faßbar, was Schubert in diesen Schuljahren leistete, es ist unerklärlich, wo er die Zeit dazu hernahm, neben seinen Lehrstunden und Privatlektionen, dem Weiterstudium bei Salieri, dem geselligen Umgang, dem Musizieren mit Familie und Freunden und anderem mehr zu komponieren fort und fort, und zwar außer all den Liedern, Klavierstücken, Kammermusik- und Kirchenwerken noch zahlreiche Sinfonien und Singspiele, auf die wir zurückkommen werden, und es konnte wohl nicht mehr lange so weitergehen. Schubert mußte jetzt endlich befreit werden vom Tageskram, wollte er nicht zerbrechen an der Last, die sein Schaffensdrang ihm auferlegte.

Franz von Schober konnte schließlich seine Mutter, die als vermögende Witwe mit Tochter und Sohn in der Inneren Stadt lebte, bewegen, dem Freund Kost und Quartier zu gewähren. Erleichtert packt Schubert seine Habseligkeiten - wenig genug werden's gewesen sein - und zieht in das Haus «Zum Winter» an der Tuchlauben, in ein freies, aber ungewisses Dasein für die Musik allein.

 s. S. 86/87 und S. 156/157

DRITTES KAPITEL

Der Weg in die Freiheit

Ich lebe und componire wie ein Gott,
als wenn es so seyn müßte.

Schubert an seine Freunde,
3. August 1818

Das war nun ein anderes Leben, ein anderes Arbeiten jeden Tag! Frühmorgens, manchmal um sechs Uhr schon, setzt sich Schubert, die kleine rundliche Gestalt in den warmen Schlafrock gehüllt, ans Pult. Es ist über und über mit Notenblättern bedeckt, nur mit Mühe findet er Schreibzeug und Streusand. Die Stirne gekraust, die Lippen fest aufeinander gepreßt, beugt er sich dicht übers Papier, nur das Kritzen der Feder ist noch zu hören. Seine verschlafenen Züge beleben sich, die Augen fangen hinter den Gläsern der dünnen Drahtbrille zu glänzen an, und in äußerster Anspannung, unterbrochen nur von einem Zug aus der Pfeife, entsteht Werk um Werk, «wenn ich ein Stück fertig habe, fange ich ein anderes an». Steckt ein Besucher den Kopf herein, fährt er auf, zeigt und spielt vor, was eben gelang. Findet es Anerkennung, nickt er zufrieden: «Ja, das ist halt ein gutes Gedicht; da fällt einem sogleich was Gescheites ein; die Melodien strömen herzu, dass es eine wahre Freude ist. Bei einem schlechten Gedichte geht nichts vom Fleck; man martert sich dabei und es kommt nichts heraus als trockenes Zeug.» Das geht so bis ein, zwei Uhr mittags. Dann überkommt Schubert Müdigkeit, er muß einhalten. Nach einem hastig verzehrten Imbiß geht's ins Kaffeehaus. Dort trinkt er eine Schale schwarzen Kaffee, raucht, entspannt sich bei Zeitungen und Journalen. Gegen Abend kommen die Freunde, und er singt ihnen mit seiner schwachen, aber angenehmen Stimme, die – er war ja Sängerknabe gewesen – vom Bariton bis zum Falsett alle Lagen markieren

S. 74/75: Das Theater an der Wien, 1801 vom Bühnendichter Schikaneder gegründet und Aufführungsstätte des Zauberspiels «Die Zauberharfe» mit Musik von Schubert.

kann, zur eigenen Begleitung vor, was er des Morgens erfunden hat. Lächelnd dreht er sich gegen die Umstehenden, einen Arm auf der Stuhllehne: «No, hat's Euch gfallen?»

Da hört Josef Mayrhofer zum ersten Mal seinen «Memnon» als musikgewordene südlich-antike Klage voller Melancholie (D 541), dazu im Gegensatz, heute noch modern wirkend, das naturschwärmerische «Auf der Donau» (D 553), die lange Ballade «Einsamkeit» (D 620), die in ihren fünf Abschnitten die Tondichtung «Ein Heldenleben» von Richard Strauß vorwegnimmt, und die leidenschaftliche Arie «Der zürnenden Diana» (D 707), alle in Gehalt und Stimmung wechselnd wie das Gemüt ihres Dichters. Ein neuer «Wanderer» (D 649) wird probiert, nach einem Text Friedrich von Schlegels diesmal. Das Lied endet mit der für Autor und Komponist gleichermaßen bezeichnenden Schlußzeile «Froh umgeben, doch alleine». Ferner stellt Schubert seinen Freunden vor: die heimelig-idyllischen «Abendbilder» (D 650) nach Silbert, den «Frühlingsglauben» (D 686), den einzigen Text Ludwig Uhlands, den er - mit unvergleichlichem Wohlklang dafür - vertonte. Und wieder Goethe und Schiller: der dunkel-gewaltige «Prometheus» (D 674) von fast sinfonischem Ausmaß und des letzteren «Sehnsucht» (D 636), nach der ersten Vertonung von 1813 nun in einer zweiten, neuen Fassung, die mehr von der Musik als von den Worten her komponiert ist und gerade deshalb den großen Bogen des Gedichts meisterlich nachvollzieht und überhöht.

Wie gern, seufzt Schubert, hätte er all das einmal von einem richtigen Sänger gehört, das müßte doch anders klingen als seine eigenen kläglichen Versuche. Wieder sind die Freunde zur Stelle: Schober, dessen Schwester mit dem Tenor Siboni verheiratet ist, läßt sich bei dessen Kollegen Johann Michael Vogl einführen, dem gefeierten und schon lange bewunderten Bariton an der Oper. Er schwärmt ihm von den schönen Kompositionen seines jungen Kameraden vor, ob er sie nicht einmal kennenlernen möchte? Vogl winkt ab. Er habe die neue Musik satt bis über die Ohren, Hunderte von Werken junger Genies seien ihm schon vorgezeigt worden und nie sei etwas Gescheites darunter gewesen. Bei diesem Schubert werde's nicht anders sein.

Enttäuscht kehrt Schober zurück, aber Schubert tröstet ihn: Er habe gar nichts anderes erwartet, könne den Sänger ganz gut verstehen. Schober jedoch läßt nicht locker, redet wieder und wieder auf den Sänger ein, bis dieser endlich, nur um den Plaggeist loszuwerden, einwilligt, an einem freien Abend zü ihnen zu kommen, aber, bitte, ohne jede Verpflichtung und Förmlichkeit.

Gravitätisch, im zugeknöpften Frack mit bauschigem Halstuch, tritt der stattliche Mann zur angekündigten Stunde ins Zimmer. Alles springt auf, und in der Aufregung vergißt Schubert, über und über rot, was er sich zur Begrüßung vorgenommen hatte. Es reicht gerade zu einem linkischen Kratzfuß und einigen stockenden Worten über die Ehre der Bekanntschaft, ... über die tiefe Bewunderung, die er dem hohen Gast ... dann herrscht peinliches Schweigen. Endlich nimmt Vogl naserümpfend das nächstliegende Notenblatt vom Pult: «Was haben Sie denn da? Begleiten Sie mich.» Es ist das eben fertiggewordene, gefällige, aber nicht gar bedeutende «Augenlied» (D 297) nach Mayrhofer. Vogl summt es mit, bemerkt kühl: «Nicht übel.» Hierauf «Memnon», «Ganymed» und anderes. Er singt sie, immer noch nur mit halber Stimme, wird aber etwas freundlicher. Beim Weggehen klopft er Schubert herablassend auf die Schulter: «Es steckt etwas in Ihnen, aber Sie sind zu wenig Komödiant, zu wenig Scharlatan, Sie verschwenden ihre schönen Gedanken, ohne sie breit zu schlagen.» Es ist der Vorbehalt des Erfahrenen gegen das übersprudelnde Talent des Jüngeren. Und es ist nicht das letzte Wort des berühmten Sängers.

Vogl war ein viel zu musikalischer Kopf, als daß er nicht erkannt hätte, was in dem kleinen scheuen Komponisten steckte. Der erste Eindruck ließ ihn nicht los, und bald erschien er unaufgefordert wieder, um mehr zu hören. Und je mehr er hörte, desto begeisterter wurde er. Bald einmal mußte Schubert auch zu ihm kommen. Gemeinsam gingen sie dann seine Lieder durch, diskutierten, übten, interpretierten sie. So wurde Vogl nach und nach zu Schuberts väterlichem Mentor und zum Herold seiner Kunst.

Johann Michael Vogl, ein Mann von imposanter Statur und ausdrucksvoller Miene, 1768 im oberösterreichischen Steyr geboren, war eine durch und durch außergewöhnliche Persönlichkeit und beileibe kein Sänger des damals üblichen Zuschnitts. Nach vollendetem Rechtsstudium war er 1794 nach Wien an die Deutsche Oper beim Kärntnertor gekommen und wirkte seither dort als geschätzter dramatischer Sänger und Darsteller. Aber er war nicht nur Musiker – als enzyklopädischer Kopf verstand er so gut Griechisch, Latein und Englisch, daß er neben religiös-philosophischen Traktaten den Mark Aurel, Epiktet, Walter Scott und andere Autoren lesen und übersetzen konnte. Es war ein wunderlicher Anblick, ihn während einer Auftrittspause hinter der Szene im Kostüm eines Agamemnon, Orest oder sonst eines antiken Helden in die Lektüre der Evangelien oder der «Nachfolge Christi» von Thomas von Kempen vertieft zu sehen.

Dieser sein Verstand für Wort gleichermaßen wie für Musik ließ Vogl erfassen, wie genial Schubert in seinen Liedern den Bereich der Dichtung

Johann Michael Vogl, der als trefflicher Tenor-Bariton und Interpret seiner Lieder nachhaltigen künstlerischen Einfluß auf Schubert ausübte.

erweiterte. Als er gar noch merkte, welchen Erfolg er mit dem deklamatorischen Vortrag der Kompositionen seines Schützlings hatte, nahm er diesen zu den Abendzirkeln in die Salons mit, wo Leute von Stand zusammenkamen, um sich über Tagesereignisse, über Literatur und Kunst zu unterhalten und sich die Zeit mit Musik zu verkürzen. In geräumigen, zartgrau oder hellgrün tapezierten Zimmern mit Musselinvorhängen empfing der Herr oder öfter noch die Dame des Hauses die Gäste, um sie nach englischer Manier bei Tee und Erfrischungen zu versammeln. Da wurde über Mode, Politik und Geistesfreiheit diskutiert, erörterte man – hinter vorgehaltener Hand – die Übergriffe der Zensur, hier wurden Dichtungen rezitiert und erklang das

Neueste aus der Welt der Musik. Da setzte sich dann Schubert wortlos ans Klavier, die Respektsperson Vogl, den k. k. Hofopernsänger zu begleiten. Er war auf diesem Instrument kein Virtuose, folgte dem Sänger aber mit seinen kurzen dicken Fingern geläufig und fließend – er konnte das «vermaledeite Hacken» nicht ausstehen – beim dramatischen Vortrag seiner Lieder. Vogl zog alle Register seines Könnens, schmückte aus, retardierte und verzierte kokett, wo es ihm angebracht schien. Gutmütig ließ es sich der Komponist gefallen, obwohl es nicht nach seinem Geschmack war. Er schrieb nämlich, was sich seine Interpreten heute noch merken sollten, stets genau vor, wann und wie er etwas herausgehoben haben wollte, ob ein Ritardando, ein Morendo oder ein Accelerando verlangt ist; im übrigen sollte man sich an das vorgeschriebene Zeitmaß halten und ohne Willkür das Geschriebene nachvollziehen. Die Gäste aber lauschten andächtig, begeistert einer Musik, die Neues und Vertrautes zugleich ausdrückte, die das festzuhalten schien, was sie alle in jener Zeit auf unbestimmte Weise fühlten und ahnten. «Er am Klavier und Vogl an seiner Seite, das waren wahrlich göttliche Genüsse!»

So wurde der Name Franz Schuberts langsam auch jenen kunstliebenden Persönlichkeiten bekannt, die damals das Gedanken- und Kulturleben Wiens bestimmten: der Schriftstellerin Caroline Pichler, dem Geschichts- und Philosophieprofessor Matthäus von Collin, Erzieher des Herzogs von Reichstadt und Vetter Spauns, dem Kirchenfürsten und Dichter Ladislaus Pyrker von Felsö-Erör und nicht zuletzt dem musikalischen Hofrat Ignaz von Mosel, der als Konzipist des Obersthofmeisteramts vordem die Aufnahme Schuberts ins Konvikt empfohlen hatte und nun feststellen konnte, daß der ehemalige Zögling «nicht bloß reich an Melodien, sondern auch ein gründlicher Musiker» geworden war.

Alle Bewunderung, aller Beifall jedoch vermochte nicht, die materielle Lage des jungen Komponisten zu verbessern, er blieb auf die Hilfe seiner Freunde angewiesen. Und da zu ihnen jetzt also auch der Theatersänger Vogl gehörte, lag es nahe, daß Schubert es auf seine Anregung hin wieder einmal mit einem Bühnenwerk versuchte. Seit dem glücklosen Versuch mit «Des Teufels Lustschloß» waren dem allerdings einige weitere Theaterexperimente vorausgegangen. Allein im Jahr 1815 hatte er sich außer mit dem Fragment «Adrast» (D 137) zu einem Text von Mayrhofer auch noch mit den folgenden Stoffen abgemüht: «Der vierjährige Posten» (D 190) in einem Akt

Links: Franz Schubert, aus der Erinnerung mit Bleistift im Profil gezeichnet von seinem Malerfreund Moritz von Schwind.

nach einer hübschen Idee aus den Franzosenkriegen von Theodor Körner – melodiös und harmonisch einfach im Stile der damaligen erfolgreichen Vorbilder eines Weigl und Gyrowetz –, «Fernando» (D 220) nach einem monströsen Text des Konviktskameraden Albert Stadler mit Gewitter, Blitz, Schauer und Tränen. «Claudine von Villa Bella» (D 239) sodann, nach Goethe, ein genialisches, vielversprechendes Stück, dessen zweiter und dritter Akt später jedoch leider zum Heizen in einem Ofen verschwanden, und zu guter Letzt noch, wieder nach Mayrhofer: «Die Freunde von Salamanka» (D 326), schöne Schubertsche Musik an einen unsinnigen Text verschwendet. Aus dem Jahr darauf stammt schließlich eine ganz und gar mißglückte Dramatisierung der Schiller-Ballade «Die Bürgschaft» (D 435) mit dem hanebüchenen Text eines zu Recht unbekannt gebliebenen Studenten:

«Hinter Büschen, hinterm Laub
Sitzt der Vogel, lauscht der Raub.
Nur der Adler schwingt die Flügel,
Über Berge, über Hügel,
Und der hungre Geier stiehlt
Frei am Tage ohne Schild» . . .

Nun also, nach einer Pause von fast drei Jahren, durch die Vermittlung Vogls ein Kompositionsauftrag des k. k. Kärntnertortheaters. Schubert sollte nach einem Libretto des Theatersekretärs Georg von Hofmann und mit der Bedingung, für den Sänger eine Doppelrolle einzubauen, ein Singspiel mit dem Titel «Die Zwillingsbrüder» (D 647) in Musik setzen. Er ging nicht mit großer Begeisterung an die Arbeit, denn der mittelmäßige Text ließ ihn nach den bis dahin gemachten Erfahrungen nicht viel erhoffen. Als das Werk dann endlich fertig war, mußte er noch einmal über ein Jahr warten, bis es am 14. Juni 1820 endlich aufgeführt werden konnte.

«Bei der ersten Vorstellung sass Schubert auf der letzten Galerie», berichtet Anselm Hüttenbrenner. «Er war ganz glücklich, dass die Introduktion dieser Operette mit gewaltigem Applaus aufgenommen ward. Alle Nummern, in denen Vogl beschäftigt war, wurden lebhaft beklatscht. Am Schlusse wurde Schubert stürmisch gerufen, er wollte jedoch nicht auf die Bühne hinabgehen, da er einen alten Kaputrock anhatte. Ich zog eiligst meinen schwarzen Frack aus und persuadierte ihn, denselben anzuziehen

Rechts: Theaterzettel der Erstaufführung von Schuberts Singspiel «Die Zwillingsbrüder» im Kärntnertortheater am 14. Juni 1820.

(Im Theater nächst dem Kärnthnerthore.)

Von den k. k. Hof-Operisten:

Zum ersten Mahle:

Die Zwillingsbrüder.

Posse mit Gesang in einem Aufzuge.

Die Musik ist von Herrn Franz Schubert.

Personen:

Der Schulze	. . .	Hr Meier.
Lischen, dessen Tochter	. . .	Dlle. Bio
Anton	. . .	Hr. Rosenfeld
Der Amtmann	. . .	Hr. Gottdank.
Franz Spieß,) Friedrich Spieß,)	Invaliden . :	Hr. Vogl.
Landleute.		

(Das Stück spielt in einem Dorfe am Rhein).

Nachher:

Die zwey Tanten, oder: Ehemahls und Heute.

Komisches Ballet in zwey Aufzügen, von der Erfindung des Hrn. Aumer, Balletmeister der k. k. Hoftheater. Die Musik ist von Hrn. Kapellmeister Gyrowetz.

Personen

Mad Vieux-bois,) Rosaliens	Mad Horschelt.
Mad de Senange,) Tanten	Dlle. Millière.
Rosalie, ihre Nichte —	Dlle Jul. Aumer.
Lisette, ihr Kammermädchen	Mad Rozier.
Bluval, Offizier, Rosaliens Liebhaber	Hr. Taglioni.
Frontin, sein Bedienter —	Hr. Rozier.
Mr. Lecoq, ein alter Edelmann, Rosaliens bestimmter Bräutigam	Hr. Aichinger Vater.
Mr. Conte-pied, Tanzmeister	Hr. Pitrot.
Mr. Viell-Souche, Haushofmeister der Fr. v. Vieux-bois —	Hr. Destefani.
Zwey Bediente — —	Hr. Rossi u. Stempfel.
Ein Notarius — —	Hr. Mahler.

Tanzende Personen:

Mad Kohlenberg, Sedini, Neuwirth, Dlles Roiter, Greiner. Herren Aichinger S., Jos Kohlenberg.

Die Violin-Solos wird Herr Mayseder zu spielen die Ehre haben.

Die Freybillette sind heute ungültig.

Uraufführung in Wien (14. Juni 1820)

K. u. k. General-Intendanz der k. k. Hoftheater, Wien

Neues Zauberspiel.

Heute Samstag den 19. August 1820,
wird in dem k. k. priv. Schauspielhause an der Wien
gegeben:

Zum ersten Mahle:

Die Zauberharfe.

Zauberspiel mit Musik in drey Aufzügen.

Musik von Herrn Schubert.

Die neuen Decorationen sind von Herrn Neefe.

Die neuen Maschinerien von Hrn. Roller.

Das neue Costume von Hrn. Lucca Piazza.

Personen:

Arnulf, Graf von Montabor	Hr. Küger.
Melinde, Arnulfs Gemahlinn	Mad. Gottdank.
Ida von Brabant, Arnulfs Nichte	Mlle. Botta.
Folko, der Adler) Ritter der Tafelrunde	Hr. Heurteur.
Ryno, der Bär) Ritter der Tafelrunde	Hr. Spitzeder.
Alf, der Delphin) Ritter der Tafelrunde	Hr. Demmer.
Sauville,) Brabantische Ritter	Hr. Hann.
Marin,) Brabantische Ritter	Hr. Leeb.
Tirecour) Brabantische Ritter	Hr. Stadelmeyer.
Palmerin, ein Troubadour	Hr. Schimon.
Sutur, Feuergeist	Hr. Küstner.

Ritter, Damen, Pagen, Troubadours, Genien. Larven, Wache Volk.

Freybillete sind ungültig.

Lose zur Lotterie dieses Theaters sind in der Kanzley desselben während den gewöhnlichen Amtsstunden, und Abends an der Kasse zu haben.

Der Anfang ist um 7 Uhr.

und sich dem Publikum zu präsentieren, was ihm sehr nützlich gewesen wäre; er aber war zu unentschlossen und scheu. Da das Hervorrufen kein Ende nehmen wollte, trat endlich der Regisseur hervor und meldete, Schubert sei im Opernhause nicht anwesend, was dieser selbst lächelnd anhörte. Darauf gingen wir in Lenkers Gasthaus in der Singerstraße, wo wir mit einigen Seideln Nessmüller den glücklichen Sukzess der Operette zelebrierten.»

Bald darauf, wir greifen vor, wurde Schubert vom Theater an der Wien eingeladen, für eine Benefizvorstellung zugunsten des Dekorateurs, des Maschinisten und des Kostümiers die Musik zum Spiel «Die Zauberharfe» (D 644) zu schreiben, wieder nach einem mediokren Text des bereits genannten Hofmann. Es wurde ein rechtes «Dekorations- und Maschinenstück» daraus, eine jener magischen Zauberpossen, wie sie von den alten Stegreifstücken bis zu Schikaneder und Raimund in Wien immer wieder Theater im Theater entfalteten. Schubert wird liebe Mühe gehabt haben, mit seiner romantischen Musik gegen all den Spektakel und Hokuspokus auf der Bühne anzukommen. Die «Wiener Zeitschrift für Kunst, Literatur, Theater und Mode» stellt nach der Premiere denn auch lakonisch fest, das Spiel zeichne sich durch zwei Eigenschaften aus: Unsinn und Langeweile. Da halfen weder Melodien voll Grazie und wahrhaft pikantem Zauber, noch die bereits verfeinerte Instrumentationskunst des Komponisten etwas. Das Stück hatte nur bescheidenen Erfolg und mußte nach zwölf Aufführungen abgesetzt werden. Statt der zugesagten fünfhundert erhielt Schubert nicht einmal hundert Gulden Honorar.

Trotz dieses Debakels jedoch unternahm Schubert 1820 einen weiteren dramatischen Versuch: die Oper «Sakuntala» (D 701) nach einem altindischen Epos des Dichters Kalidasa. Ob er den Plan bald wieder aufgab, ob Teile des Werks verlorengingen – wir wissen es nicht. Erhalten geblieben sind uns jedenfalls nur einige Entwürfe.

Links: Ankündigung der Benefizvorstellung des Zauberspiels «Die Zauberharfe» zu Gunsten des Dekorateurs, des Maschinisten und des Kostümiers.

S. 86/87: Bühne und Zuschauerraum des Theaters an der Wien, in dem das «Dekorations- und Maschinenstück» «Die Zauberharfe» mit Musik von Schubert gegeben wurde.

 s. S. 74/75

Gioacchino Rossini, dessen spritzige Opern im italienischen Geschmack bei den Wienern stürmische Begeisterung entfachten.

Seltsam überhaupt, wie unfertig alles blieb, was Schubert an Dramatischem hinterließ, er, der große Dramatiker des Liedes. Man darf den Grund dafür nicht allein bei den zum Teil wirklich albernen, stümperhaften Libretti suchen, denn wir kennen seinen Verstand, seinen Geschmack für Dichtung und Wort. Gewiß, fast alle seine Singspiele enthalten musikalische Köstlichkeiten, lyrische Feinheiten von einer Beschwingtheit, wie sie nur ein Schubert erfinden konnte – und deren manche heute noch zu wiedererwecken wären –, aber er kam damit nicht auf den Boden des handfesten Dramas, es gelang ihm nicht, aus dem Widerspiel von Charakteren und Situationen bühnengerechte Szenen herauszumeißeln, wie dies der Erztheatraliker Mozart so erregend verstanden hatte.

Ein Glück, daß Schubert ungeachtet dieser Mißerfolge auch in jenen Jahren Halt im häuslichen Musizieren fand. Es hatte sich seit den Tagen des familiären Quartettspiels allerdings beträchtlich erweitert und zog immer mehr Musikliebhaber in seinen Bann. Längst war das Schulmeisterzimmer zu eng geworden, so daß man an die Dorotheergasse und, als es auch dort zu klein wurde, in die Wohnung des Violindirigenten Hatwig im Schottenhof hatte umziehen müssen. Seit Frühjahr 1818 endlich musizierte man im Gundelhof am Bauernmarkt. Es war eine tüchtige Schar, die sich da wöchentlich versammelte, und es ist reizvoll, sich die Besetzung des Hausorchesters ins Gedächtnis zu rufen: 7 erste Violinen (darunter Bruder Ferdinand), 6 zweite Violinen (mit Therese Grobs Bruder), 3 Violen (darunter am ersten Pult Franz Schubert), 3 Violoncelli, 2 Kontrabässe, eine Flöte, zwei Oboen, drei Klarinetten, drei Fagotte, zwei Hörner, zwei Trompeten und Pauken. Ein respektables Kammerorchester also, mit dem sich Ouvertüren, Sinfonien und Konzertstücke von Haydn, Mozart, Beethoven, Cherubini, Méhul, Boieldieu und anderen, auch weniger bedeutenden Meistern spielen ließen. Später wagte man sich, mit zugezogenen Sängern, gar an Haydns Oratorien «Die sieben Worte Christi am Kreuz» und «Die Schöpfung» sowie an Händels monumentalen «Messias».

Es versteht sich, daß daneben auch Schuberts eigene Werke aufgeführt wurden, die beiden «Ouvertüren im italienischen Stile» in D und C (D 590, 591) etwa, die im November 1817 fertiggeworden waren. Wien hatte damals ein wahres Rossinifieber erfaßt: der lebens- und musikfrohe «Schwan von Pesaro» war nach den Erfolgen in seinem Heimatland ans Kärntnertortheater eingeladen worden, um dort seine Opern einzustudieren – dies war auch der Grund, warum Schubert so lange auf eine Aufführung seiner «Zwillingsbrüder» hatte warten müssen –, und seine Buffonerien, seine anmutigen Kantilenen, die noch den Geist des Rokokos atmen, wurden Abend für Abend mit begeistertem Applaus gefeiert, «o divino maestro! o più divino Rossini!» Auch Schubert, dem untüchtige Mißgunst fremd war, fand den «Barbier von Sevilla» köstlich und lobte einzelne Stellen des «Otello», «ausserordentliches Genie kann man ihm nicht absprechen». Als er eines Tags aber nach einer Aufführung des «Tancred» mit Bekannten heimkehrte, wurden ihm deren Huldigungen auf das Genie des Italieners zuviel. So eine Ouvertüre, meinte er trotzig, könne er in kürzester Zeit hinschreiben. Man nahm ihn lachend beim Wort, versprach ihm ein Glas guten Wein, und binnen kurzem lagen die erwähnten Stücke vor. Sie sind in der Tat von echtem Briogeist erfüllt und verdienten – wir werden das bei anderer Gelegenheit und bei anderen Schubertwerken wieder und wieder sagen müssen - auch heute noch, beachtet und aufgeführt zu werden, und nicht nur an Jubiläumsdaten!

Auch auf dem «Weg zur großen Sinfonie», den zu gehen er sich einmal vornahm, kommt Schubert ein gutes Stück vorwärts. Er war und blieb zwar stets der große Lyriker, aber dennoch wächst in ihm die Kraft des ordnenden Gestaltens. Daß er den ihm zufließenden Reichtum an Melodien nach und nach in eine feste Struktur einzubauen lernte, straft die oft gehörte Meinung Lügen, Schubert habe sich selbstvergessen nur seinem Gefühl hingegeben. Wird unter seiner Hand die Sinfonie auch nicht, wie bei Beethoven, zum Drama widerstrebender Elemente, so entfaltet er in ihr doch eine Eingebung zu ihrer vollen Höhe: Beethovens Musik wird, Schuberts Musik ist.

Erstaunlich früh hatte er mit Sinfonien begonnen. Die erste in D (D 82) entstand bereits im Herbst 1813 kurz vor seinem Abgang aus dem Konvikt, zum Gebrauch für das Schülerorchester dort. Mit Anklängen an Mozart und den frühen Beethoven zwar, aber unbefangen frisch und gewandt. Nach mehr als einem Jahr dann schreibt der Schulgehilfe seine zweite Sinfonie in B (D 125) und wenig später die dritte in D (D 200), beide, obwohl immer noch unter dem Einfluß der Klassik, schon wesentlich freier auskomponiert. Die zweite beginnt mit einer feierlich langsamen Einleitung, wie sie besonders Haydn seinen Londoner Sinfonien vorangestellt hatte, um eine gehobene Stimmung zu bereiten, setzt sich fort mit einem Variationensatz über ein reizend volksliedhaftes Thema und mit einem stürmischen Moll-Menuett. Das Finale ist ein rasch dahinfließendes Presto in jenem beschwingten, für Schubert typischen Rhythmus, dem wir noch oft begegnen werden: ein Viertel, zwei Achtel, lang kurz-kurz. Die dritte Sinfonie ist nicht ganz so gelungen, zeigt aber doch schon Ansätze zu selbständiger Gestaltung. Nach dem Maestoso der Einleitung, deren aufsteigende Tonleiter er im ersten Satz als zweites Thema wieder aufnimmt, folgt ein wienerisch heiteres Allegro con brio. Ein anmutiges Allegretto bildet den Mittelsatz, dann kommt (an Stelle des allerdings immer noch so genannten Menuetts) ein derb-fröhlicher Ländler und als Abschluß - Rossini kündigt sich an - eine südlich-feurige Tarantella.

Die vierte Sinfonie in c (D 417) aus dem Jahre 1816, der Schubert selbst später den Beinamen «Tragische» gab, hat schon mehr Gewicht, obwohl ihre Tragik weniger beethovensch als eben schubertisch ist, nicht so sehr Kampf als Schwermut und Sehnsucht. Davon ist der edle langsame Satz voll, und selbst der dritte Satz, das Menuett, kommt nicht von der Erde los; der letzte Satz ist wie der erste eher konventionell, doch innerlich bewegt, Dur-Strahlen hellen den Moll-Grundton auf. Mit der fünften Sinfonie in B

(D 485), gleichen Jahres für eine kleine Besetzung, also wohl das Liebhaberorchester, geschrieben - neben den Streichern werden nur eine Flöte und je zwei Oboen, Fagotte und Hörner verlangt -, kehrt Schubert auch musikalisch wieder zur Einfachheit zurück; und doch liegt über dem Werk jener besondere instrumentale Glanz, wie nur er ihn mit seiner feinen, transparenten Behandlung der Bläser zustandebringt. Auf den knappen, agilen ersten Satz und den innig zarten Mittelsatz folgt ein Moll-Menuett, das als Huldigung an die Manen Mozarts gedacht sein könnte. Das lebhafte, unproblematische Vivace am Schluß ist reinstes Spiel- und Hörvergnügen.

Man darf all diese ersten Sinfonien nicht, wie das gern geschieht, unter dem Aspekt des so ganz anderen Sinfonikers Beethoven sehen, der zur gleichen Zeit, ja sogar in der gleichen Stadt, seine elementare Kraft in den Dienst der Erzeugung von gewaltigen Spannungen stellte. Solche suchte Schubert nicht, er wollte, wie er einmal schrieb, «zu einander gehen» und trachtete deshalb, unter dem Bogen seiner schweifenden Phantasie Verbindungen, Beziehungen herbeizuführen. Seine Übergänge zwischen den Motiven sind in ihrer Art so meisterhaft wie der himmelstürmende Aufbau der Themen bei Beethoven.

Eine weitere Sinfonie ist in jenen Tagen entstanden: Von Oktober 1817 bis Februar 1818, nach den beiden italienischen Ouvertüren, schrieb Schubert an der sechsten, der sogenannten «Kleinen Sinfonie» in C (D 589). Sie ist ebenfalls wieder leichtfüßig, weniger gehaltvoll als virtuos, wartet aber nach dem Beispiel Beethovens erstmals mit einem Scherzo anstelle des Menuetts auf. Der Satz fällt denn auch charaktervoller, prägnanter aus, als es nach dem konventionellen Schema des alten höfischen Gesellschaftstanzes bisher möglich war.

Um diese Zeit muß Schubert das Zimmer bei Schobers schon wieder räumen, man erwartet den zweiten Sohn Axel zurück, der als österreichischer Offizier in Frankreich gedient hatte. Es scheint auch, daß Franz von Schober sich zu einer Reise nach Schweden rüstete, in Erbschaftsangelegenheiten vielleicht. Schubert schrieb ihm im August 1817 nämlich ein eigenes Gedicht ins Stammbuch, das er unter dem Titel «Abschied» (D 578) auch mit Musik versehen hat:

Lebe wohl, Du lieber Freund!
Ziehe hin in fernes Land,
Nimm der Freundschaft trautes Band -
Und bewahr's in treuer Hand!
Lebe wohl! Du lieber Freund!

Lebe wohl, Du lieber Freund!
Wenn dies Lied Dein Herz ergreift,
Freundes Schatten näher schweift,
Meiner Seelen Saiten streift.
Lebe wohl, Du lieber Freund!

Panorama der Vorstädte Lichtenthal und Rossau, wohin Schubert 1816 als Schulgehilfe seines Vaters zurückkehrte.

Es kam Schubert bitter an, wieder daheim anklopfen zu müssen, aber der Umstand mag ihn darüber hinweggetröstet haben, daß er mit seinen nicht ganz hundertsiebenundfünfzig Zentimetern Körpergröße davon verschont geblieben war, zum Militär einzurücken – die Dienstzeit betrug damals vierzehn Jahre! Im Himmelpfortgrund wurde der Sohn als Hausgenosse und Schulgehilfe gern wieder aufgenommen, um so mehr, als er gerade recht kam, den Umzug von der Säulengasse in die nahe Vorstadt Rossau vorbereiten zu helfen. Dort, etwas näher bei der Inneren Stadt, war Vater Schubert,

Rechts: Titeldruck des Liedes «Am Erlaf-See» als Beilage zum «Mahlerischen Taschenbuch für Freunde interessanter Gegenden Natur und Kunst Merkwürdigkeiten der österreichischen Monarchie», Wien 1818.

Der Erlaffee

Stich von Johann Blaschke

(1818 im Wiener „Mahlerischen Taschenbuche" als Illustration zu Mayrhofers gleichnamigem Gedichte und dem folgenden Liede Schuberts erschienen)

Am Erlaf=See.

Gedichtet von Johann Mayrhofer, mit Musik begleitet von Franz Schubert.

Das erste von Schubert erschienene Werk

(Die Anfangszeilen der Folio-Beilage des „Taschenbuches")

K. k. Universitäts-Bibliothek, Wien

Anselm Hüttenbrenner, Studienfreund Schuberts und später Direktor des Steiermärkischen Musikvereins in Graz.

dem bewährten Lehrer, ein neues Gebäude, eine neue Schule zugeteilt worden als Zeichen der Anerkennung für seine guten Dienste. Ende des Jahres zog man dort ein, und Schubert wurde wieder ins Joch des täglichen Lehrdienstes eingespannt. Das drückte ihn so sehr, daß er daneben in den ersten Monaten nur wenig schrieb. Er erlebte aber in jener Zeit immerhin doch die Genugtuung, daß, nachdem er bereits gegen 350 Lieder geschrieben hatte, nun endlich eines davon veröffentlicht wurde. Im Januar 1818 kündigte die «Wiener Zeitung» ein neues «Mahlerisches Taschenbuch für Freunde interessanter Gegenden» an: «Auch in diesem Jahre sprechen besonders die Reisebeschreibungen und die zwei zarten sinnigen Gedichte

S. 94/95: In einem Saal des Gasthofs «Zum römischen Kaiser» fanden öffentliche Konzerte statt. Hier trat Schubert als Klavierspieler auf, hier erklang erstmals eine seiner beiden «Ouvertüren im italienischen Stile».

von Joh. Mayrhofer ‹Auf der Donau› und ‹Am Erlafsee›, wovon das letzte mit einer ebenso genialen als lieblichen Musik von Schubert begleitet ist, den gefühlvollen Leser auf die angenehmste Art an.»

Auch sonst werden Schuberts Werke nun nach und nach auch außerhalb der Privatzirkel beachtet und aufgeführt. Von einer «musikalisch-deklamatorischen Akademie» im Gasthof «Zum Römischen Kaiser» berichtet die «Wiener Allgemeine Theaterzeitung» im März 1818: «Die zweite Abteilung begann mit einer wunderlieblichen Ouvertüre von einem jungen Kompositeur, Hrn. Franz Schubert. Dieser, ein Schüler unseres hochverehrten Salieri, weiss jetzt schon alle Herzen zu rühren und zu erschüttern. Obwohl das Thema befremdend einfach war, entwickelte sich aus demselben eine Fülle der überraschendsten und angenehmsten Gedanken, mit Kraft und Gewandtheit ausgeführt.» Es war eine der bereits genannten Ouvertüren im italienischen Stil, die gleiche, die wenige Tage darauf am gleichen Ort in Schuberts eigener Bearbeitung für zwei Klaviere zu acht Händen (D 592 oder 597) von den Schwestern Therese und Babette Kunz, von ihm selbst und dem Freund Hüttenbrenner erneut öffentlich vorgetragen wurde. «Sie ist dem italienischen Geschmacke und dem neuesten Diktator desselben, Herrn Rossini, nachgebildet», hieß es, und «gefiel sehr».

Diesen Anselm Hüttenbrenner, einen Grazer, hatte Schubert bei Salieri kennengelernt. Er war eine Zeit lang Mönch in einem Zisterzienserstift gewesen, hatte dann Jura studiert und sich schließlich der Musik zugewandt. «Schubert war anfangs misstrauisch gegen mich», erinnert er sich. «Da er aber mit der Zeit sah, daß ich es ernstlich meine, und er erkannte, daß ich in seinen Liedern gerade diejenigen Stellen hervorhob, die auch er für die gelungensten hielt, so fing er an, mir zu trauen, und wir wurden die besten Freunde.»

Zu ihnen gesellte sich bald, nachdem er ihn aus Graz besuchen gekommen und hernach als Praktikant an der Hofkanzlei ganz in Wien geblieben war, Hüttenbrenners Bruder Josef. Beide Brüder wurden Schubert treue Helfer. Anselm spielte, begleitete und verbreitete als musikalischer Adlatus seine Musik, während Josef sie gewissenhaft kopierte. Ihm und dem Jugendgefährten Albert Stadler, der ebenfalls Abschriften anfertigte und sammelte, haben wir es zu danken, daß nicht noch mehr Werke Schuberts verlorengingen. Der Komponist selbst ging nämlich recht sorglos mit seinen Manuskripten um, er ließ sie verstreut herumliegen, verschenkte sie. Einmal findet Vogl einen Haufen Notizen auf kleinen Papierfetzen, im Zuge der Eingebung flüchtig hingekritzelt. Er läßt sie von einem Kopisten ins reine schreiben, legt sie dem Komponisten vor: «Kommen Sie, Schubert, wir

Josef Hüttenbrenner kopierte und arrangierte mit des Komponisten Einverständnis manches Werk Schuberts.

müssen das probieren!» Der setzt sich ans Klavier, spielt es durch und nickt anerkennend: «Schau, schau, das Ding is net übel; von wem is's denn?»

Zu Schuberts damaligen Pflichten gehörte auch wieder ein gewisses Pensum Musikunterricht. Seine vornehmsten Schülerinnen waren die Komtessen Marie und Karoline Esterházy. Graf Johann Karl, k. k. Kämmerer und ein gebildeter, belesener Mann, muß mit dem Lehrer seiner Töchter zufrieden gewesen sein, denn er lud ihn für den Sommer auf seinen Landsitz im ungarischen Zseliz, heute Želiezovce in der Tschechoslowakei, ein, um dort mit den Stunden fortzufahren. Das war eine willkommene Gelegenheit, dem verhaßten Schuldienst zu entfliehen, denn «als Pädagog gefiel er sich», wie Bauernfeld bemerkte, «nicht besser wie früher als Scholar». Wir werden Schubert im nächsten Kapitel auf diese Reise wie auch auf seine Fahrten nach Oberösterreich, nach Steyr und Linz begleiten.

Nach diesen Erlebnissen mag er nicht mehr nach Hause heimkehren. Von Ungarn zurück, zieht er im Herbst 1818 zu Mayrhofer in das Haus der Witwe und Tabakhändlerin Sanscouci an der Wipplingerstraße neben dem alten Rathaus. Es war das nämliche Zimmer, in dem Schubert seinen Freund vier Jahre zuvor kennengelernt hatte und das wir aus dessen Schilderung kennen. Später erinnert sich Mayrhofer in einer Weise an den gemeinsamen Haushalt, die auch gewisse Schwierigkeiten durchschimmern läßt: «Während unseres Zusammenwohnens konnte es nicht fehlen, dass Eigenheiten sich kundgaben; nun waren wir jeder in dieser Beziehung reichlich bedacht, und die Folgen blieben nicht aus. Wir neckten einander auf mancherlei Art und wendeten unsere Kanten zur Erheiterung und zum Behagen einander zu. Seine frohe, gemütliche Sinnlichkeit und mein in sich geschlossenes Wesen traten schärfer hervor und gaben Anlaß, uns mit entsprechenden Namen zu bezeichnen, als spielten wir bestimmte Rollen.»

Hier in dem nicht sehr komfortablen, dunklen und feuchten Raum, komponierte Schubert «zwischen Sorgen und Plagen aller Art frisch darauf los, unbekannt, namenlos, das Talent nur von wenigen Freunden gewürdigt», wie wieder Bauernfeld berichtet. Schubert empfand das allerdings nicht so sehr als Unglück, denn er konnte sich wenigstens abermals sein Leben selbst einrichten und sich in seine Arbeit versenken. «Grüß dich Gott, wie geht's?» fragte er, wenn jemand zu ihm hereinkam, und er antwortete gleich selbst: «gut», während er, ohne den Kopf zu heben, weiterschrieb.

Von all dem, was damals entstand – es waren neben den Liedern die uns schon bekannten Singspiele «Die Zwillingsbrüder» und «Die Zauberharfe» –, wollen wir die Klaviermusik besonders hervorheben. Wieder versuchte es Schubert mit der Sonate. Diese Musikform aus selbständigen, aber zusammengehörenden Sätzen in der Reihenfolge Schnell – Langsam – Schnell mit ihrem festgefügten Aufbau von richtunggebendem Beginn, durchgearbeiteter Mitte und entschiedenem Schluß, wie sie Haydn meisterlich beherrscht und Beethoven nach Hegels philosophisch-antithetischem Prinzip weiterentwickelt hatte, erweiterte Schubert durch die Einführung des unbekümmert Persönlichen. Immer geht er vom Thema, von der Melodie aus, ihr und nicht einem abstrakten Prinzip hat sich das Gefüge von Satz, Gegensatz und Vereinigung unterzuordnen. Schuberts Naturell entsprechend, stößt seine Sonate, bei aller Gesetzmäßigkeit, zum lyrischen Ausdruck vor. Die sechs Klavierstücke, die 1817 im Anschluß an eine wieder unvollendet gebliebene Sonate in E (D 459) entstanden sind, lassen diese Entwicklung verfolgen.

Es sind dies: eine Sonate in a (D 537), von ihm selbst, obwohl nur drei vorausgehende bekannt sind, als fünfte bezeichnet, ein bei aller Bewegung anmutiges und traumversunkenes Stück Musik; eine Sonate in As (D 557), die als kurze, aber formvollendete Reminiszenz an Mozart und Haydn gelten kann; eine

Sonate in e (D 566), deren drei Sätze – und das gibt einen Begriff von der Schwierigkeit, Schuberts Werke einzuordnen – lange Zeit in Privatsammlungen lagen und erst 1888, 1907 und 1928 einzeln veröffentlicht wurden; sowie eine spielfreudige Sonate in Es (D 568). Sie ist eigentlich in Des geschrieben und nur der leichteren Spielbarkeit wegen vom späteren Verleger in diese Tonart transponiert worden. Bei aller Abhängigkeit noch von Beethoven und trotz sogar opernhafter Züge im Geiste der Zeit, ist sie doch formbeherrscht und übersprudelnd zugleich, schwelgt förmlich in Einfallsreichtum und Klangseligkeit. Kein Zweifel: Schubert hat seinen eigenen Klavierstil gefunden. Deutlich wird dies außer in der wieder Fragment gebliebenen Sonate in fis (D 571) vor allem dann in der Sonate in H (D 575), wo er sich von aller Konvention löst und aus Kunst und Phantasie ein wundersames Gewirk von Romantik, Geheimnis und Sehnsucht webt.

Nach der Mühsal des Schaffens, des Suchens, Verwerfens und Festhaltens, mußte Schubert sich von der Anspannung befreien. Er ging ins Kaffeehaus, ins Freie, ins Theater und zu den Freunden, um mit ihnen fröhlich zu singen und zu rauchen, zu scherzen und zu trinken. So übermütig und ausgelassen konnte er sich geben, daß er sogar den Argwohn der ängstlichen Obrigkeit weckte. Unter dem Eindruck der Befreiungskriege waren nämlich, besonders unter den Jugendlichen und Studenten, liberale Ideen und patriotische Ideale in Mode gekommen, welche die auf Ruhe und Ordnung bedachten Regierungen, denen die Französische Revolution noch in den Knochen stak, unter den Parolen «Freiheit» und «Einigkeit» arg zu schaffen machten. «Wir brauchen kane Genies, wir brauchen nur gute Untertanen, die ihre Schuldigkeit tun», sagte Franz I., der Biedermann auf dem Thron, und sein Staatskanzler Metternich sorgte mit Zensur, Hausdurchsuchungen und geheimer Überwachung, daß aus der verordneten Ruhe bald einmal Friedhofsruhe wurde, daß einer dem andern nicht mehr traute. Über zehntausend Geheimpolizisten oder «Naderer», wie die aus niederen Klassen angeheuerten Spitzel genannt wurden, trugen ihm für einen Dukaten wöchentlich zu, was immer sie aufgeschnappt hatten.

Als am 23. März 1819 gar der Autor von Schuberts erstem Theaterversuch, der Dichter und Staatsrat Kotzebue von einem fanatischen Burschenschafter mit dem Dolch niedergestochen wurde, war das ein Signal. Aufgeregt wurde getuschelt, man sei auch in Wien einer Studentenverschwörung auf der Spur, die «jungen Verbrecher kämen insgeheim in einem Bierhause zusammen und sprächen und sängen dort ganz entsetzliche und verruchte Dinge». Bald schon lief beim Polizeipräsidenten ein Rapport ein, der Franz Schubert um ein Haar hätte zum Verhängnis werden können: es war ein Bericht «über das

Johann Senn, Konviktskamerad Schuberts, wurde 1820 als Opfer des drastischen Polizeiregimes nach Tirol abgeschoben.

störrische und insultante Benehmen, welches der in dem burschenschaftlichen Studentenvereine mitbefangene Johann Senn, aus Pfunds in Tyrol gebürtig, bey der angeordneter massen in seiner Wohnung vorgenommenen Schriften-Visitation und Beschlagnahme seiner Papiere an den Tag legte und wobey er sich unter andern der Ausdrücke bediente, ‹er habe sich um die Polizey nicht zu bekümmern›, dann die Regierung sey zu dumm, um in seine Geheimnisse eindringen zu können. Dabey sollen seine bey ihm befindlichen Freunde, der Schulgehilfe aus der Rossau Schubert, und der Jurist Steinsberg, dann die am Ende hinzugekommenen Studenten in gleichem Tone eingestimmt, und gegen den amthandelnden Beamten mit Verbalinjurien und Beschimpfungen losgezogen seyn».

Der unglückselige Johann Senn, ein ehemaliger Konviktsgefährte Schuberts und ein aufrechter, begabter Jüngling, kam für vierzehn Monate in Untersuchungshaft und wurde schließlich nach dem heimatlichen Tirol abgeschoben, seine Karriere war zerstört. Franz Schubert aber, der ungewollt in diese politische Tragikomödie geraten war, kam mit einer strengen Warnung davon.

Schubert's Wohnhaus
im Jahre 1818
in Zselíz

VIERTES KAPITEL

Auf der Reise zur Vollendung

Genieße stets der Gegenwart mit Klugheit,
so wird Dir die Vergangenheit eine schöne Erinnerung
und die Zukunft kein Schreckbild sein.

Schubert in ein Albumblatt für Katherina Stadler,
Steyr, 14. September 1819

Wenn jemand eine Reise tat, so war das damals, zu Beginn des vergangenen Jahrhunderts, noch ein mühsames Unterfangen, man mußte, wie es in einem zeitgenössischen Reiseführer heißt, eine «gute Leibeskonstitution und christliche Geduld» mitbringen. Zwar hielt man sich nach sogenannten «Stundenzetteln» bereits an feste Zeiten und Postrouten, zwar gab es schon eine ganze Reihe «Allgemeiner und specieller Bestimmungen über die Post- und Courierbeförderung» und über die «Zahlung der Aerarial-, Mauth- und Postgelder», aber vor Antritt der Reise und vor allem dann während derselben waren unzählige pedantische Formalitäten zu erfüllen, und gut ein Drittel der Reisezeit ging nicht auf der holprigen Fahrt in den stickig engen Gefährten – «Marter- und Klapperkästen» hat ein Passagier die Postkutschen jener Zeit genannt – , sondern bei Zwischenhalten an den Umspannstationen, beim Auswechseln von Pferden und Wagen verloren.

Um der Einladung des Grafen János Esterházy nach seinem Sommersitz in Zseliz zu folgen, muß Schubert in einem jener kalkweiß gestrichenen Büros vorsprechen, worin zugeknöpfte Sekretäre mit steifen Kragen und grauleinenen Ärmelschonern an ihren Schreibtischen sitzen. Man zählt das Jahr 1818, und wenn es auch nur in eines der Erbländer der habsburgischen Monarchie geht, benötigt er für die vierzehn Stationen seiner Reise doch einen Reisepaß. Mürrisch nimmt der Kanzlist die Bewerbung auf: Alter?

S. 102/103: Das 1787 erbaute Sommerschloß der Grafen Esterházy von Galántha in Zseliz an der Gran, in dem Schubert die Sommer 1818 und 1824 als Klavierlehrer und Musikmeister verbrachte.

«Einundzwanzig Jahre.» Charakter, Profession? «Musikmeister bei Johann Esterházy.» Reiseziel? «Zseliz in Ungarn.» Dann geht es weiter zur ungarischen Hofkanzlei, wo das Papier beglaubigt und visiert wird.

Endlich, Anfang Juli ist es soweit: alle Formalitäten sind erledigt, die Postkutsche steht zur Abfahrt bereit. Das Gepäck wird unter einer Lederdecke verstaut, die Reisenden nehmen auf den harten Bänken Platz. Mit einem Prr! setzt der Postillion seine Braunen in Trab. Dumpf rollt der Wagen durchs Stadttor über die Esplanade hinaus gegen Osten in Richtung der oberungarischen Tiefebene. In Györ an der Raab mit seiner mächtigen Bischofsburg und den nach den Türkenkriegen wiedererbauten Bürgerhäusern wird der erste größere Halt gemacht. Dann geht es weiter gegen die flachen Ufer der Donau hin zwischen Auwäldern und sumpfigen Niederungen über Komorn nach Gran, dem heutigen Esztergom, der ehrwürdigen Stadt des heiligen Stephan. Von da sind es nur noch einige Meilen nordwärts den Fluß Gran entlang, inmitten eines lieblichen, fruchtbaren Tals, das in der Ferne von anmutigen Hügeln begrenzt wird. Schließlich ist Zseliz erreicht. Durch einen gepflegten Park mit mancherlei Bäumen, Stauden und Bosketten kommt der Wiener Schulmeister und Komponist auf dem frischgeharkten Weg vor das hübsche, von Glyzinien umwachsene eingeschossige Sommerschloß der Esterházy von Galántha.

Schubert wird in einem der beiden Flügel untergebracht. Bald schon schildert er in einem Brief nach Hause anschaulich seine neue Umgebung: «Unser Schloß ist keins von den grössten, aber sehr niedlich gebaut. Es wird von einem sehr schönen Garten umgeben. Ich wohne im Inspectorat. Es ist ziemlich ruhig, bis auf einige 40 Gänse die manchmahl so zusammenschnattern, dass man sein eigenes Wort nicht hören kann. Die mich umgebenden Menschen sind durchaus gute. Selten wird irgend ein Grafen-Gesinde so gut zusammen gehen, wie dieses. Der H. Inspector, ein Slavonier, ein braver Mann, bildet sich viel auf seine gehabten Musiktalente ein. Er bläst jetzt noch auf der Laute zwey 3/4 Deutsche mit Virtuosität. Sein Sohn ein studirender Philosoph, kam gerade auf die Ferien, ich wünsche ihn recht lieb zu gewinnen. Seine Frau ist eine Frau wie alle Frauen die gnädig heissen wollen. Der Rentmeister passt ganz zu seinem Amte, ein Mann mit ausserordentlichen Einsichten in seine Taschen u. Säcke. Der Doktor, wirklich geschickt, kränkelt mit 24 Jahren wie eine alte Dame. Sehr viel Unnatürliches. Der Chirurgus, mir der liebste, ein achtbarer Greis von 75 Jahren, stets heiter u. froh. Gott gebe jedem ein so glückliches Alter. Der Hofrichter, ein sehr natürlicher, braver Mann. Ein Gesellschafter des Grafen, ein alter lustiger Geselle, u. braver Musikus, dient mir oft zur Gesellschaft. Der Koch,

Der Musiksalon auf Schloß Zseliz, wo Schubert mit der gräflichen Familie korrepetierte und musizierte.

die Kammerjungfer, das Stubenmädchen, die Kindsfrau, der Beschliesser etc. 2 Stallmeister, sind gute Leute. Der Koch ziemlich locker, die Kammerjungfer 30 Jahr alt, das Stubenmädchen sehr hübsch, oft meine Gesellschafterin, die Kindsfrau eine gute Alte, der Beschliesser mein Nebenbuhler. Die 2 Stallmeister taugen viel besser zu den Pferden als zu den Menschen. Der Graf, ziemlich roh, die Gräfinn stolz, doch zarter fühlend, die Contessen gute Kinder.»

Schubert fühlte sich wohl in der anziehenden östlichen Landschaft mit ihren reizenden Durchblicken auf lichte Wälder, Weingärten und den nahen Fluß. «Jetzt lebe ich einmal, Gott sey Dank, es war Zeit, sonst wär' noch ein verdorbener Musikant aus mir geworden.» In den behaglichen Räumen des

Schlosses, wo neben eisernen Kachelöfen elegante und bequeme Möbel standen, wo kostbares Silbergeschirr zur ländlichen Umgebung kontrastierte, wurde, wie das die Tradition des österreichisch-ungarischen Adels verlangte, fleißig Musik getrieben: man sang, spielte und übte Klavier, lud Nachbarn und Freunde zu kleinen Konzerten ein. Schubert war «Compositeur, Redacteur, Autiteur und was weiss ich noch alles», nicht mehr, wie das früher üblich gewesen war, als Diener und Lakai, sondern für das ansehnliche Honorar von zweieinhalb Gulden am Tag, Reisegeld und freiem Logis. Er begleitete den Grafen, die Gräfin und die beiden Töchter beim Singen, unterrichtete letztere am Klavier und stellte für allerlei Anlässe musikalische Unterhaltungen zusammen.

Für jede mögliche Gelegenheit schrieb er, auch das gehörte ja zu seinen Aufgaben, eigene Kompositionen. So sind uns aus dieser Zeit einige bedeutende vierhändige Klavierwerke erhalten, die der Herr Compositeur wohl zum Durchspielen mit einer der Komtessen entworfen hat. Schubert war ein Meister dieser geselligen Art von Hausmusik, die eine innere Übereinstimmung und wahres Zusammenspiel der beiden Partner verlangt, aber auch ihre Tücken hat: eine Tastatur, ein Pedal für zwei Spieler schränken die Ausdrucksfreiheit des einzelnen stark ein. Schubert glich diese Begrenzung durch die volle Ausschöpfung des instrumentalen Registers weitgehend aus. Solch munterem Musizieren zu vier Händen gehören die «Trois Marches Militaires» (D 733) an, tänzerisch zündende Huldigungen an Ruhm und Glanz Österreichs und seiner vielen Nationen – vor allem der erste ist zum weltberühmten Paradestück geworden –; ferner gehören dazu ein Deutscher in G, zwei Ländler in E (D 618) und vier Polonaisen (D 599). Sogar die Sonate in B (D 617), von Schubert selbst «Grande Sonate» betitelt, bleibt trotz der anspruchsvolleren Form musikantischer Heiterkeit zugewandt.

Über allem Wohlbefinden gehen Schubert aber seine Lieben und Freunde im fernen Wien nicht aus dem Sinn: «Wie könnte ich euch vergessen, euch, die ihr mir alles seyd!» Für den Bruder Ferdinand, der sich auf die Prüfung in Musiktheorie vorbereitet, schreibt er in selbstloser, uneigensüchtiger Hilfsbereitschaft ein Deutsches Requiem in g (D 621) zur freien Verwendung. «Es ist Nachts halb 12 Uhr, und fertig ist Deine Trauermesse. Traurig macht sie mich, glaub es mir, denn ich sang sie aus voller Seele. Was dran fehlt, ergänze, d. i. schiebe den Text drunter u. die Zeichen drüber. Willst Du manches repetiren, so thu es, ohne mich in Zeliz darum zu fragen.» Die Messe wird tatsächlich unter Ferdinands Namen in der Wiener Waisenhaus-Kapelle aufgeführt, und als diesen darob doch das Gewissen drückt, beruhigt ihn Franz: «Die Sünde der Zueignung war Dir schon im ersten Brief

verziehen. Die Trauermesse gefiel Dir, Du weintest dabey und vielleicht bey dem nähmlichen Wort, wo ich weinte; lieber Bruder, das ist mir der schönste Lohn für dieses Geschenk, lass ja von keinem andern was hören.»

Schubert beschäftigt sich aber auch mit fröhlichen Dingen. Er genießt das gemächliche, ländlich-idyllische Leben im schönen Komitat Bars. «Überhaupt», schreibt er seinen Lieben, «freue ich mich auf sämmtliche Weinlesen, indem mir schon so viel Lustiges davon erzählt worden ist. Auch die Ernte ist hier sehr schön. Man bringt hier das Getreide nicht wie in Österreich in Scheuern, sondern man errichtet auf freyem Felde ungeheure Haufen, welche man Tristen nennt.» Abends versammelt sich die Gutsgemeinschaft im Freien oder bei Kerzenschein in der großen Stube: die Kammerjungfrau, das Stubenmädchen, die kräftigen Dienstleute, Magyaren und Slawen. Ein jeder ist mit irgendeiner Verrichtung beschäftigt, die Frauen stricken und nähen. Da wird dann das Geschehen des Tages durchgenommen, man plaudert und scherzt. Zuweilen kommt die alte Kindsmagd, liest den Leuten aus der Hand oder sagt ihnen aus Kaffeesatz, Eigelb, gegossenem Wachs oder Blei die Zukunft voraus.

In diesem Kreise herzhafter Fröhlichkeit kann sich der Komponist bei einem Glase feurigen Szamárhegyer Rotweins von seiner Arbeit erholen und vom Zwang gesellschaftlicher Konvention entspannen. Auch eine kleine Romanze gehört mit zu diesen Abendstunden im Kreise des Hausgesindes: Andeutungen Schuberts und seiner Freunde lassen vermuten, daß er mit dem hübschen Stubenmädchen Pepi eine – allerdings nicht tiefergehende – Liebschaft hatte.

Je länger er jedoch von Wien weg ist, desto stärker wird das Heimweh. «So wohl es mir geht, so gesund als ich bin, so gute Menschen als es hier gibt, so freue mich doch unendlich wieder auf den Augenblick, wo es heissen wird: Nach Wien, nach Wien! Ja, geliebtes Wien, Du schliessest das Theuerste, das Liebste, in Deinen engen Raum, und nur Wiedersehen, himmlisches Wiedersehen, wird dieses Sehnen stillen.» Endlich, Mitte November, reist die Gesellschaft zurück. Schubert zieht, wie wir schon erfahren haben, zu Josef Mayrhofer an die Wipplingerstraße. Tagsüber sitzt er über seinen Kompositionen, abends geht es zu Freunden oder ins Wirtshaus zu frohem Zechen, Diskutieren und Singen. Es war wieder das Leben, das ihm behagte und seiner Natur gemäß war.

Links: Ferdinand Schubert, älterer Bruder des Komponisten und selbst ein tüchtiger Organist, Kapellmeister und Lehrer.

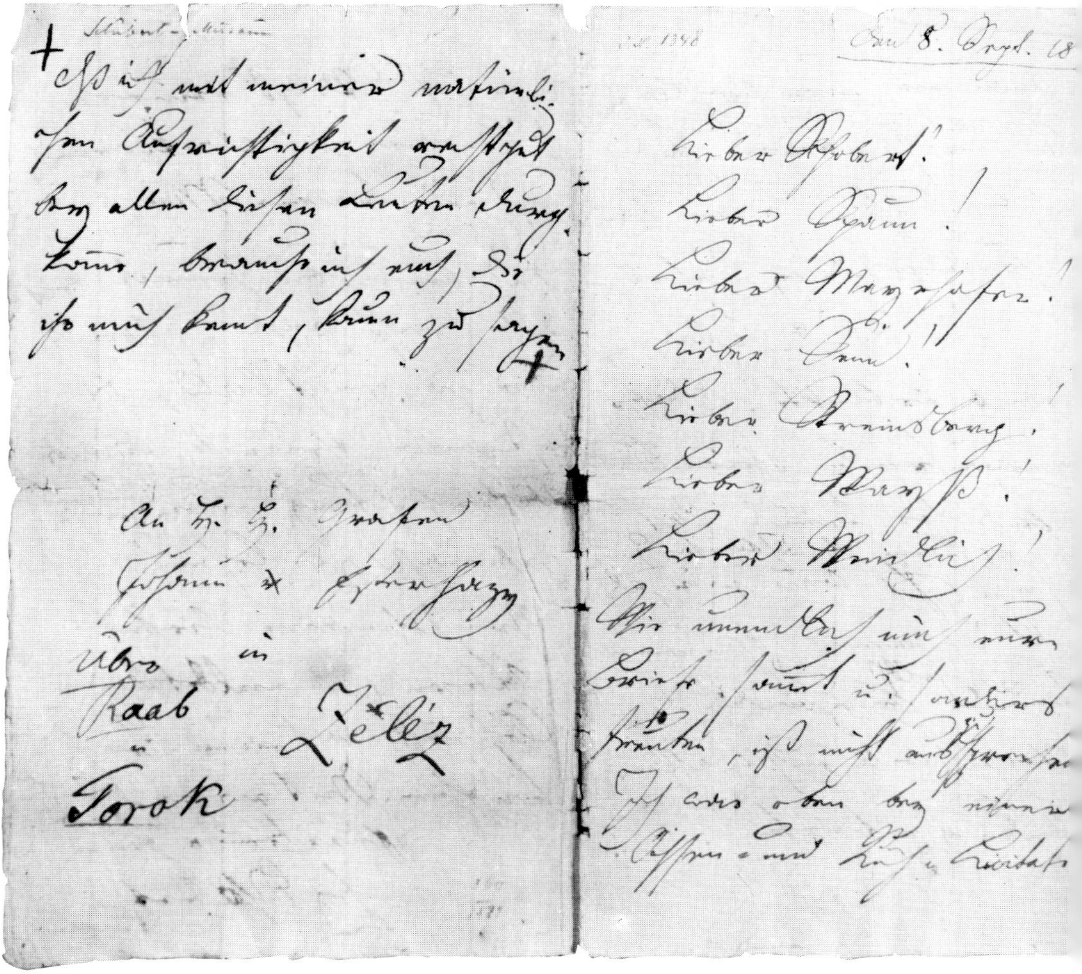

Brief Schuberts vom 8. September 1818 aus Zseliz an die Freunde in Wien mit der genauen Angabe seiner Postanschrift.

Den Winter und den Frühling über bleibt Schubert nun in Wien. Im Sommer 1819 aber macht ihm Johann Vogl das verlockende Angebot, während der Opernferien mit ihm in seine Heimat Oberösterreich zu kommen, nach Steyr, der Stadt, woher außer ihm auch die Freunde Mayrhofer und Stadler stammen. Als der Fürsorgliche ihm dazu gleich noch einen Vorschuß auf die bestellte Oper «Die Zwillingsbrüder» beschafft, kann und will Schubert nicht nein sagen.

Im Juli treffen die beiden, auf der alten Eisenstraße dem Laufe der Enns folgend, in Steyr ein. Enge Gassen öffnen sich auf den prächtigen Stadtplatz mit seinen steinernen Prunkfassaden hin, wo Schubert nächst dem historischen Bummerlhaus beim Advokaten Schellmann Quartier bezieht. «In dem Hause, wo ich wohne, befinden sich 8 Mädchen, beynahe alle hübsch. Du siehst, dass man zu thun hat», berichtet er anderntags wohlgelaunt seinem Bruder Ferdinand und fügt bei: «Die Gegend um Steyr ist über allen Begriff schön.» Beglückt findet Schubert hier alte und neue Freunde, unter ihnen den Konviktisten Albert Stadler, inzwischen Beamter des Kreisamtes, der mit Mutter und Schwester Katharina im gleichen Hause wohnt. Es ist dem Gast nicht unangenehm, daß das einzige Klavier in sein Zimmer geschafft wird, denn nun versammeln sich die lebenslustigen Mädchen allabendlich bei ihm, um den verehrten Meister zu bewundern, zu seiner Musik zu tanzen und mit ihm zu tändeln.

Blick von der Enns mit ihren Flößen auf das malerisch gelegene Steyr, die Stadt der Eisenherren.

Zusammen mit Stadler entwirft Schubert eine Kantate zum bevorstehenden Geburtstag des Sängers Johann Michael Vogl (D 666),

> «Sänger, der vom Herzen singet
> Und das Wort zum Herzen bringet,
> Bei den Tönen deiner Lieder
> Fällt's wie sanfter Regen nieder,
> Den der Herr vom Himmel schickt,
> Und die dürre Flur erquickt.»

Am 10. August wird der berühmte Sohn der Stadt im mit Girlanden festlich geschmückten Saal des Hauses Koller am Stadtplatz empfangen, frische Mädchen in der schmucken Steyrer Tracht überreichen ihm Blumensträuße, und als Höhepunkt singen Josephine von Koller, Bernhard Benedict und Schubert, von Stadler am Klavier begleitet, dem Gefeierten das Festgedicht vor, das «recht gut ausfiel».

Im Hause jenes Eisenhändlers Josef von Koller speisen die beiden Feriengäste täglich, und die musikalisch begabte Tochter des Gastgebers «ist», wie Schubert feststellt, «sehr hübsch, spielt brav Klavier, und wird verschiedene meiner Lieder singen». Für sie schreibt er die Sonate in A (D 664), welche die heiterhelle Stimmung jener Tage widerspiegelt. Sie wurde «abends nach einem geselligen Spaziergange oder vollbrachtem Tageswerke» aufgeführt, wie sich Stadler entsinnt. «Die sehr talentierte ältere Tochter des Hauses, Josefine, Schubert, Vogl und ich erfreuten uns da der angenehmsten Stunden im abwechselnden Vortrage Schubertscher Lieder und Klavierstücke, und auch vielen Piecen von Opern aus der Voglschen Glanzperiode. Von eigentümlicher Wirkung war, wie ich mich noch gut erinnere, der Versuch (natürlich nur unter uns), den ‹Erlkönig› zu Dreien zu singen. Schubert sang den Vater, Vogl den Erlkönig, Josefine das Kind, ich spielte. – Nach der Musik setzten wir uns zum Souper und blieben noch ein paar Stündchen heiter beisammen.»

Der eigentliche Treffpunkt des musikalischen Steyr aber war das Heim des kunstliebenden Junggesellen Sylvester Paumgartner. Der vermögliche Gewerksherr der alten Eisenstadt, selbst ein passabler Cellospieler, wohnte ebenfalls am Stadtplatz in einem geräumigen Patrizierhaus. Stadler schreibt: «Der erste Stock enthielt seine Wohnung mit einem eigenen dekorierten Musikzimmer für fast tägliche Übungen und kleinere Abendgesellschaften. Im zweiten Stock befand sich ein mit Emblemen der Kunst geschmückter Salon für die grösseren und zahlreich besuchten Produktionen um die

Holzbrücke über die Donau nach Linz, der Hauptstadt Oberösterreichs, die Schubert im Sommer 1819 besuchte.

Mittagszeit. In diesen Räumen entzückten uns zumeist im Jahre 1819 Schuberts und Vogls Töne, die aber der gute Paumgartner von dem letzteren, der nicht immer gleich gelaunt und disponiert war, nicht selten gleichsam erbetteln musste. Da hätte man sozusagen eine Stecknadel fallen hören; Paumgartner litt auch nie irgendeine Unruhe während der Musik. Dafür wurden aber die Gäste an den Abenden nach der Produktion in jeder Beziehung reichlich entschädigt. Ein grosser Musikalienkasten barg einen wahren Schatz von klassischen und zum Teil auch modernen Werken. Jeder echte Tonkünstler und Musikfreund fand in seinem Hause Zutritt, freundliche Aufnahme und oft noch mehr.»

Paumgartner war es auch, dem das Lied «Die Forelle» so gut gefiel, daß er bei Schubert eine instrumentale Fassung bestellte, um sie an seinen Soireen spielen zu können.

Von Steyr ist es nicht weit nach Linz, wo das Elternhaus Josef von Spauns steht, und so ist rasch einmal der Entschluß gefaßt, dort dessen Mutter, seine Schwester und Brüder zu besuchen. «O Leben und Reisen, wie bist du schön!», freut sich Schubert, als die Kutsche mit den zwei Freunden an einem warmen Augusttag zur Stadt hinausrollt. Über eine Brücke, von der aus man die Steyr durch Wehre schäumend in die Enns stürzen sieht, geht es den Fluß entlang, vorbei an den dröhnenden, wassergetriebenen Schmiedehämmern, hinein in die fruchtbare Ebene gegen die Donau hin, durch Klee- und Getreidefelder, zwischen Obstgärten, deren Bäume so dicht mit Zwetschgen, Äpfeln, Birnen behangen sind, daß ihre Äste vorsorglich gestützt werden mußten. Endlich ist die Stadt in Sicht. Nach der Einfahrt über die hölzerne Brücke und nach dem üblichen Vorzeigen ihres Passes werden die beiden herzlich empfangen. Sie müssen von den Freunden, von Wien erzählen und, da man sich von ihrem Musizieren Wunderdinge erzählt, natürlich auch vorspielen. Abends schlendert man gemeinsam zur bekannten Restauration Jägermayr, die für ihre schöne Aussicht auf die Stadt berühmt ist. Linz zeigt sich dem Beschauer als mitten in Gärten verstecktes Kleinod. Den Horizont bilden die bewaldeten Berge der Umgebung, durch die sich die viel befahrene Donau in zahlreichen Krümmungen ihren Weg gegen den Bayerischen Wald hin sucht.

Auf der Rückfahrt nach Steyr entschließt man sich zu einem Abstecher nach Kremsmünster. Dort hat Vogl das Gymnasium absolviert, haben Franz von Schober und andere Mitschüler Schuberts, bevor sie nach Wien kamen, das Konvikt des Benediktinerstifts besucht. Auf einem bequemen Fahrweg erreichen die Reisenden bald einmal ihr Ziel und kommen durch ein großes Tor in den geräumigen viereckigen Hofplatz der Abtei. Der Chormeister empfängt sie und zeigt ihnen die riesigen Stallungen, die massiven, von Arkadengängen umsäumten Becken voller Forellen, Hechte und Karpfen. Eine Brücke führt über den von Fischen, Schildkröten und Wildenten bevölkerten Teich zu den Lehranstalten und dem barocken Stift mit seinen Musikschätzen, Waffen- und Kunstsammlungen, der Bibliothek mit über fünfzigtausend Bänden. Das besondere Wahrzeichen der Anlage ist die Sternwarte am Ende der Orangerie, zwei Stockwerke unter und acht über der Erde, ein Gebäude voller Meßgeräte, astronomischer Uhren und mathematischer Instrumente. Von der alles überragenden beweglichen Kuppel aus öffnet sich einem ein herrlich freier Ausblick in die Vorgebirgslandschaft bis gegen Steyr und Krems.

Voller neuer Eindrücke und Anregungen kehrt Schubert nach Steyr und bald darauf nach Wien zurück. Er hat die Zeit, wie er sich einmal vorgenommen hat, «gut zu Faden geschlagen». Jetzt gilt es, Erlebtes in Erschaffenes zu verwandeln. Da ist zunächst das Begehren des Herrn Paumgartner, die «Forelle» zum Hausgebrauch für Instrumente umzuschreiben. Schubert setzt sich hin, und es entsteht ein Juwel der Kammermusik, neben einigen frühen Meisterliedern vielleicht sein erstes vollkommen gelungenes Werk: das Quintett in A für Klavier, Violine, Viola, Violoncello und Kontrabaß (D 667), das sogenannte «Forellenquintett». Wie alles Vollendete, hört sich auch dieses Musikstück so einfach an, daß es leicht mißverstanden werden könnte. Sicher, es ist die Ernte eines glücklichen Sommers voller Heiterkeit und Sonne. Es ist aber auch eine Schöpfung von größtem Kunstverstand und vor allem – reinster Schubert! Schon die aparte Besetzung weist auf dieses Besondere hin: die Verschmelzung der glockenhellen Klavieroktaven mit dem satten Grund der Streicher – er reicht bis hinab zum

Das mächtige Benediktinerstift Kremsmünster mit seinen barocken Türmen und der achtstöckigen Sternwarte, dem ältesten Hochhaus Europas.

in der Kammermusik eher seltenen Kontrabaß - ergibt Klangfarben von neuem, betörendem Reiz.

Der erste Satz ist in Sonatenform gehalten, wobei allerdings, wir haben das schon bei früherer Gelegenheit betont, die Themen nicht so sehr entwickelt als vielmehr nebeneinandergestellt werden. Der Wechsel der Tonarten und Harmonien verleiht diesem Kopfsatz flirrenden, zauberhaften Glanz. Der zweite Satz, ein Andante in einfacher Liedform, schwebt wie ein unbeschwerter Sommertraum an uns vorüber, aus dem uns das übermütig beschwingte Scherzo mit seinem besinnlichen Trio reißt. Der vierte Satz hat dem Quintett seinen Namen gegeben: die vier Streicher stimmen das Lied «Die Forelle» an, und in den Variationen darüber steigern sich Klavier und Streicher gegenseitig spielerisch zu immer beschwingterem Musizieren. Mit dem einfachen Thema des letzten Satzes, Allegro giusto, kehrt Schubert zur kunstvollen Natürlichkeit des Anfangs zurück.

Das Forellenquintett ist, um ein Wort Mörikes abzuwandeln, in sich selbst selige Musik. Zum erstenmal erklingen hier die wunderbaren Saiten der musikalischen Romantik in solcher Reinheit. Das Wiedererwachen des Naturgefühls, die Wiederentdeckung des Gemüts, die «unendliche Sehnsucht», wie sie die vielseitige, vielschichtige romantische Geistesbewegung hervorbrachte, finden in diesen zauberischen Klängen ihren ureigensten Ausdruck. Romantik bedeutete ja die Abkehr vom Rationalismus der Aufklärung, vom Klassizismus, und nicht zufällig leitete sie sich, von England über Frankreich kommend, vom Begriff «Roman» ab, bezeichnete ursprünglich also etwas Romanhaftes, Unwirkliches, nicht mit dem Verstand zu Fassendes. Schubert war der erste Romantiker in der Musik, sein Innerstes war, wie der gleich ihm frühvollendete Wackenroder es ausdrückte, «ganz und gar Musik, sein Gemüt schweifte immer in den dämmernden Irrgärten poetischer Empfindungen umher».

Im Januar 1821 meldet ein Korrespondent der Dresdener «Abendzeitung» aus Wien: «Der junge Komponist Schubert hat mehrere Lieder der besten Dichter in Musik gesetzt, welche das tiefste Studium, verbunden mit bewundernswürdiger Genialität, beurkunden und die Augen der gebildeten musikalischen Welt auf sich ziehen.» Und wirklich: am vergangenen 1. Dezember hat der ausgezeichnete Dilettant August Ritter von Gymnich in einer Abendunterhaltung beim musikliebenden Advokaten Sonnleithner im Gundelhof zur Freude von mehr als hundertzwanzig Zuhörern den «Erlkönig» gesungen und damit begeisterten Applaus geerntet – die Kunde von dem jungen vielversprechenden Tonkünstler Franz Schubert ist in aller Munde. Wieder einmal suchen die Freunde, die Gelegenheit zu nutzen und

Leopold von Sonnleithner, enthusiastischer Musikliebhaber und Förderer Schuberts.

Schuberts Situation zu verbessern. Resolut nimmt Sonnleithners Sohn Leopold einige Notenblätter unter den Arm und bringt sie dem renommierten Musikverleger Tobias Haslinger. Der winkt ab: der Komponist sei denn doch noch zu unbekannt, seine Klavierbegleitungen zu schwierig, als daß man sich einen Erfolg ausrechnen könnte. Unverdrossen zieht Sonnleithner weiter, zum Musikalienhändler Anton Diabelli. Aber auch hier stößt er auf Ablehnung, selbst ohne Honorar wäre das Wagnis zu groß. Da legen Sonnleithner, Hüttenbrenner und zwei weitere Kollegen das Geld kurzentschlossen aus der eigenen Tasche auf den Tisch, um den «Erlkönig» stechen zu lassen. Als Vater Sonnleithner an einer der nächsten Soireen im Februar

Morgen Mittwoch den 7. März 1821
wird
in dem k. k. Hoftheater nächst dem Kärnthnerthore
mit hoher Bewilligung,

eine große musikalische Akademie

mit Declamation und Gemählde = Darstellungen

verbunden, gegeben werden.

Die einzelnen Gegenstände sind folgende:

Erste Abtheilung:

1 Die Ouverture des Schauspiels: Die Templer auf Cypern.
2. Ein Tableau: Die von Abraham verstoßene Hagar, nach Vandyck, dargestellt von Dlle. Hruschka, k. k. Hofschauspielerinn, Mad. Vogel, k. k. Hofoperistinn, Hrn. Vogl, k. k. Hofoperisten, Dlle. Kraft d. ält., Dlle. Pichler, Herren Pfeiffer, Segatta, Rossi und anderen Mitgliedern des Balletcorps.
3. Eine Arie von Mozart, gesungen von Dlle Wilh. Schröder.
4. Der erste Satz des zweyten Violinconcertes von L. Spohr, gespielt von Hrn. Leon de St. Lubin, dermaligem Schüler des Hrn. Professors der Violine, Joseph Böhm.
5. Der kleine Gernegroß, ein Gedicht von Langbein, vorgetragen von Mad. Wilhelmine Korn, k. k. Hofschauspielerinn.
6. Das Dörfchen, ein Gedicht von Bürger, für zwey Tenor = und zwey Baßstimmen gesetzt von Hrn Franz Schubert, vorgetragen von den Herren Götz und Barth, in Diensten Sr. Durchlaucht des regierenden Herrn Fursten von Schwarzenberg, und den Herren Nejebse und Umlauf.
7. Variationen für das Pianoforte, componirt von Hrn. Hugo Worzizek, auf zwey Instrumenten gespielt von den zwey Dlles Schadt.
8. Ein Tableau: Sokrates vor seinen Richtern, nach Füger, dargestellt von dem Hrn. Aichinger Vater und Sohn, Reiperger d. ält., Destefani, Rossi, Jos Kohluberg, Pfeiffer, Wiesenbeck, Segatta und anderen Mitgliedern des Balletcorps.

Zweyte Abtheilung:

9. Die Ouverture der Oper die Zauberglocke (la Clochette), vo[n] Boieldieu.
10. Eine Arie von Mozart: Da ich einsam vor dir steh[e], gesungen von Dlle. Unger, k. k. Hofoperistinn.
11. Die Gräfinn Spastara im Erdbeben von Messin[a] 1785, ein Gedicht, vorgetragen von Mad. Sophie Schröde[r], k. k. Hofschauspielerinn.
12. Der Erlkönig, Gedicht von Göthe, in Musik gesetzt v[on] Franz Schubert, vorgetragen von Hrn. Vogl, k. k. Hofoperiste[n], auf dem Pianoforte begleitet von Hrn. Anselm Hüttenbrenne[r].
13. Adagio und Rondo für das Violoncell von Bernhard Romber[g], gespielt von Hrn. Pechaczek.
14. Duett aus der Oper: Riccardo e Zoraide, von Rossini (Inva[no] tu fingi, ingrata), gesungen von den Dlles. Schröder und Unge[r].
15. Der Gesang der Geister über den Wassern, Gedi[cht] von Göthe, für vier Tenor = und vier Baßstimmen gesetzt v[on] Hrn Franz Schubert, vorgetragen von den Herren Götz, Bart[h], Nejebse, Umlauf, Weinkopf, Frühwald und zwey Chorsänge[r].
16. Ein Tableau: Aurora, nach Guido Reni, dargeste[llt] von Hrn. Taglioni, erstem Tänzer der k. k. Hoftheater, und d[en] Dlles. Neuwirth, Mayer, Krepatz, Kreiner, Wittwer, Eisel[t], Pichler, Kraft d. ält., Fanny Eßler und anderen Mitgliedern d[es] Balletcorps.

Herr Kapellmeister Gyrowetz hat die Leitung dieser Akademie, und Herr Philipp von Stubenrauch [die] Anordnung der Tableaux übernommen.

Die Einnahme wird von der Gesellschaft adeliger Frauen zur Beförderung ihrer wohlthätige[n] Zwecke verwendet.

Sämmtlichen Personen, welche mit der menschenfreundlichsten Bereitwilligkeit ihre Talente und Bemühungen [ge]widmet haben, wird hiermit der verbindlichste Dank abgestattet.

Die Eintrittspreise sind wie gewöhnlich. Die Freybilletten sind ohne Ausnahme ungülti[g]. Die gesperrten Sitze sind an der k. k. Hoftheater = Casse, die Logen aber bey der Frau Therese Landgräfinn von Fürstenber[g], geb. Fürstinn von Schwarzenberg, in der Himmelpfortgasse im Fürstenbergischen Hause Nro. 952. im 2. Stock zu hab[en].

Der Anfang ist um 7 Uhr.

Ankündigung einer musikalischen Akademie am Aschermittwoch 1821 im Kärntnertortheater mit der Uraufführung verschiedener Werke Schuberts.

S. 118/119: Johann Michael Vogl trägt, vom Komponisten am Klavier begleitet, an einer «Schubertiade» Lieder von Schubert vor (Skizze zur Sepiazeichnung von Moritz v. Schwind S. 143/144).

Barbara Fröhlich, eine von vier musikalischen Schwestern und Freundinnen Schuberts.

Ausklapptafel: Torso des dritten Satzes, des Scherzos der Sinfonie Nr. 7 in h-Moll, der «Unvollendeten»: die erste Seite ist fertig instrumentiert, geht aber in eine unvollständige Skizze über, in der verschiedene Stimmen und Instrumente fehlen.

geisterhaften Farben nicht zu mildern vermochte. Der Kritiker der Wiener «Allgemeinen Musikalischen Zeitung» gab wohl den vorherrschenden Eindruck wieder, als er schrieb: «Dagegen wurde der achtstimmige Chor von Hrn. Schubert von dem Publikum als ein Akkumulat aller musikalischen Modulationen und Ausweichungen ohne Sinn, Ordnung und Zweck anerkannt. Der Tonsetzer gleicht in solchen Kompositionen einem Großfuhrmann, der achtspännig fährt und bald rechts, bald links lenkt, also ausweicht, dann umkehrt und dieses Spiel immerfort treibt, ohne auf eine Strasse zu kommen.»

Nach solchen Erfahrungen kehrte Schubert gern in den vertrauten Kreis häuslichen Musizierens zurück, um so mehr, als Leopold Sonnleithner ihn

70.
Allo
Vl.
Viole
Flaut.
col mo Fl.
Oboe
in A
Clarinett
Fagotti
due
Corni in D
Clarini
Timp.
Tromboni
col Basso
Basso

das Heft ankündigt, gehen im Nu fast hundert Exemplare weg. Damit sind bereits die Kosten für einen zweiten Druck mit weiteren Kompositionen gedeckt, die nun Diabelli doch in Kommision zu vertreiben bereit ist. Aus dem ansehnlichen Erlös von achthundert Gulden – zehnmal soviel, wie Schubert als Schulgehilfe im Jahr verdient! – kann er nun endlich die Schulden abtragen, die sich bedrohlich angehäuft haben: Wohnzins, Schuster- und Schneiderrechnungen, Forderungen von Wirtschaften und Kaffeehäusern. Und es bleibt Schubert sogar noch ein schöner Betrag übrig, der ihm allerdings bald unter den Fingern zerrinnt. In Gelddingen ist er unerfahren und unbesorgt. «Mich soll der Staat erhalten», sagt er einmal selbstbewußt zu Hüttenbrenner, «ich bin für nichts als das Komponieren auf die Welt gekommen.»

Der Erfolg der Schubertschen Lieder ließ Vogl aufmerken. Bisher hatte er sie nur in Privatzirkeln vorgetragen, jetzt willigte er in eine öffentliche Darbietung ein. Am Aschermittwoch 1821 veranstaltete die «Gesellschaft adliger Damen zur Beförderung des Guten und Nützlichen», für die Schubert schon als Sängerknabe gesungen hatte, im Kärntnertortheater eine musikalische Akademie mit Deklamationen und Tableaux, lebenden Bildern. Dabei wirkten mit: die Burgschauspielerin Sophie Schröder, ihre Tochter Wilhelmine und Karoline Unger als Sängerinnen und die damals zehnjährige Fanny Elssler, die später weltberühmte Tänzerin. Dazwischen trug Vogl, am Klavier von Anselm Hüttenbrenner begleitet – Schubert selbst blieb lieber im Hintergrund und blätterte die Noten um –, sein Paradestück, den «Erlkönig», so bravourös vor, daß er ihn auf jubelnden Beifall hin wiederholen mußte. Weiter interpretierte man das klangvolle «Dörfchen» (D 598) aus dem Jahre 1817, ein Quartett für je zwei Tenöre und Bässe. Diese Gattung, die vom hergebrachten Männerchor so verschieden ist wie die Kammer- von der Orchestermusik, erhob Schubert zum reinen Ausdruck gleichgestimmter, gleichgesinnter Freundschaft. Das Stück wurde später oft und gern wiederholt, wobei der ehemalige Konviktskamerad und spätere große Possenschreiber Johann Nestroy hin und wieder eine der beiden Baßstimmen übernahm. Die letzte Schubertkomposition des Abends, der «Gesang der Geister über den Wassern» (D 714) für vier Tenöre und vier Bässe, ließ das Publikum ratlos, keine Hand rührte sich, und die Sänger, «welche durchdrungen von der erhabenen Schönheit dieses Tonwerkes, den grössten Erfolg erwartet hatten, zogen sich wie von einem kalten Sturzbad getroffen zurück». An diesem Text von Goethe hat sich Schubert mehrmals versucht, zuletzt versah er ihn mit einer dunklen Streicherbegleitung ohne Geigen, die allerdings die in die Zukunft weisende Kühnheit der Übergänge und die

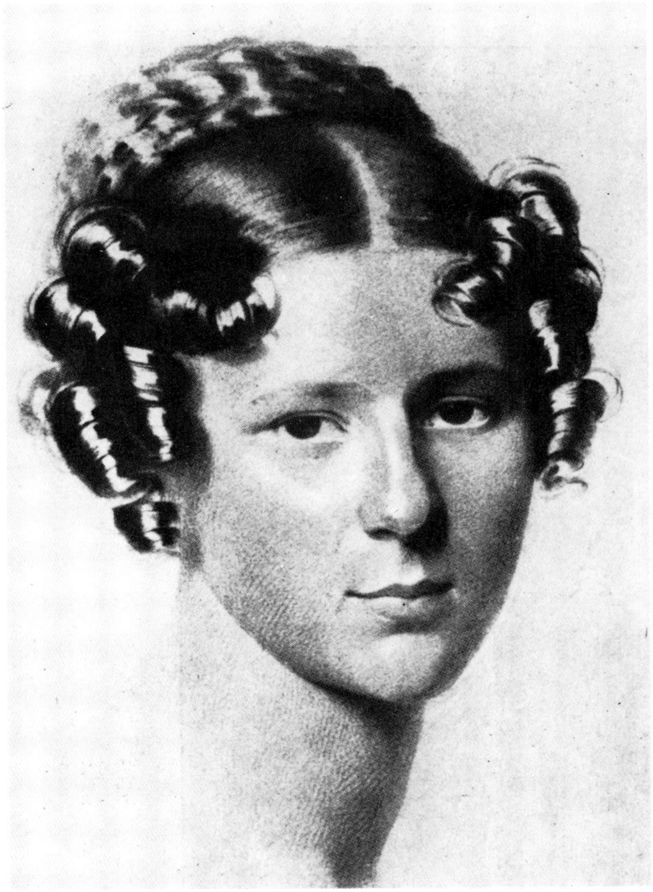

Josephine Fröhlich, Klavier- und Gesangslehrerin.

«o mein, was ist das für ein Genuss!» Und dann plötzlich: «Aber ich weiss jetzt schon, was ich tue.»

Wenig später kommt er wieder, reibt sich die Hände: «Heute hab' ich etwas gemacht, das, glaube ich, ist mir wirklich gelungen.» Es ist der 23. Psalm für zwei Soprane und zwei Altstimmen (D 706), eine herzliche Huldigung an die Anmut und den Geist, die in diesem Viermäderlhause herrschen.

1821 ist auch das Jahr der Suleika-Lieder. Napoleons ägyptische Expedition um die Jahrhundertwende hat trotz ihres Scheiterns das Interesse und die Neugier für den Orient geweckt. Ihm wendet sich auch der fünfundsechzigjährige Goethe unter dem Eindruck des Liebeserlebnisses mit der «Halbzi-

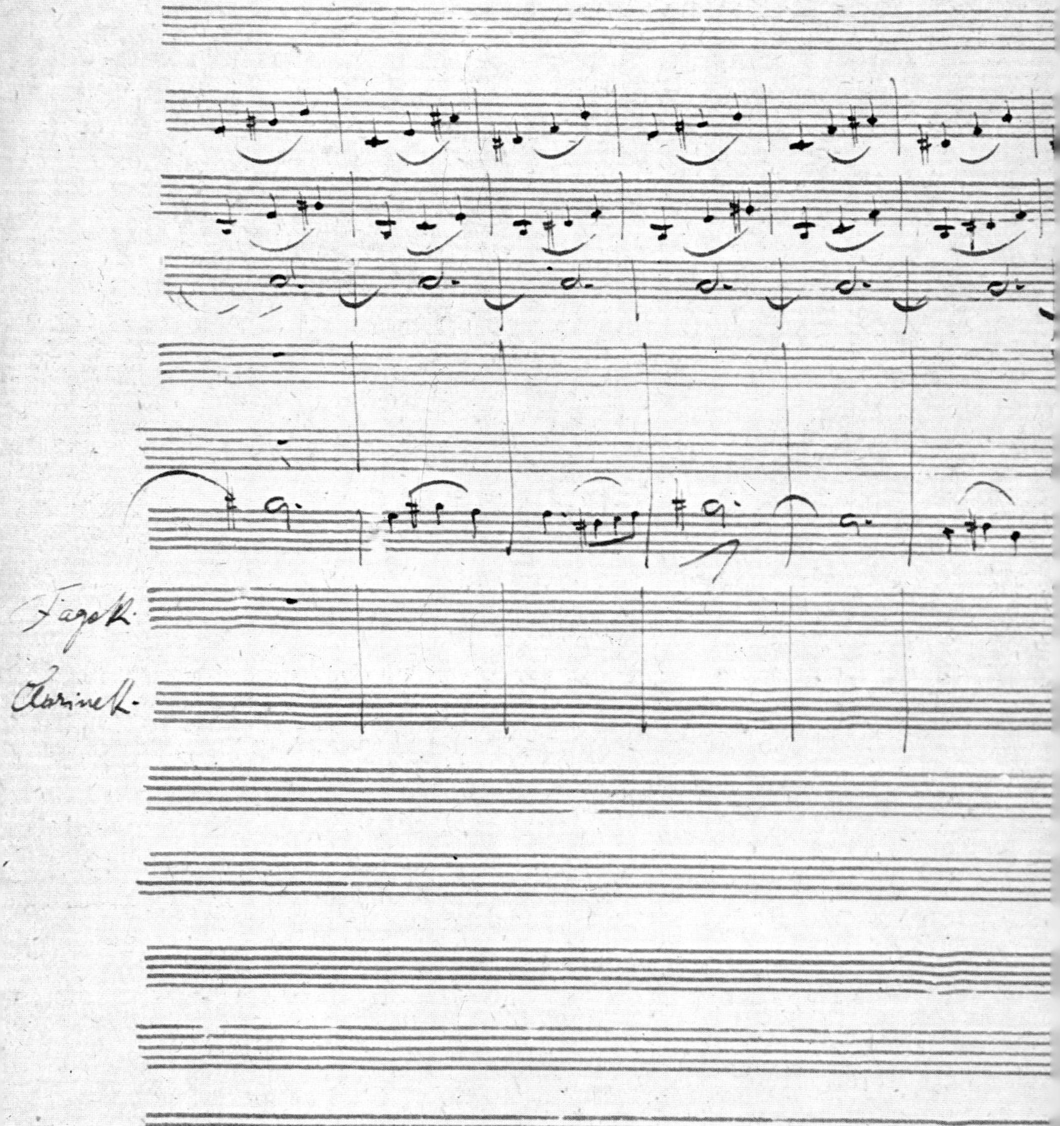
Fagott.
Clarinett.

Katharina Fröhlich, des Dichters Grillparzer «ewige Braut».

kurz darauf bei den aparten Schwestern Fröhlich einführt. Mit ihren Madonnenscheiteln und herabfallenden Korkzieherlocken wirkte eine anziehender als die andere, und hochmusikalisch waren sie alle vier. Eine von ihnen, Katherina, galt als die «ewige Braut» von Franz Grillparzer, der mit Sonnleithner verwandt war. Der Dichter schrieb über sie: «Wie Säufer in Wein, so betrinkt sie sich in Musik.» Die vier «Grillparzen» Netti, Betti, Kathi und Pepi, wie Bauernfeld sie nannte, nahmen den Komponisten sofort als einen der ihren auf. Da saß er dann jeweils auf dem geblümten Kanapee in der hellen, warmen Atmosphäre ihres Musiksalons und lauschte verzückt den Trios und Arien aus Mozarts Opern. «O mein Gott», seufzt er ein ums andere Mal, faltet die Hände wie zum Gebet und drückt sie gegen den Mund, geunerin» Marianne von Willemer zu, indem er sie in den Ghaselen des «Westöstlichen Divans» nach Art des alten persischen Dichters Hafis als seine Suleika besingt. Zwei dieser Lieder setzt Schubert einfühlsam in Musik: «Versunken» (D 715) und «Geheimes» (D 719), erotisch drängend mit kühnen Modulationen das eine, süß verträumt das andere. Auch Marianne von Willemer wird durch Goethe zur Dichterin, auch ihre Verse finden Eingang in das «Buch Suleika», und auch ihnen gibt Schubert musikalische Fassungen, die sie in ihrer einzigartigen Mischung von Empfindsamkeit und bewegter Leidenschaft zu seinen heute noch meistgesungenen, dankbarsten Liedern machen: «Ach um deine feuchten Schwingen» (D 717) und «Was bedeutet die Bewegung?» (D 720). «Ich für mein Teil», schrieb der Komponist Robert Franz Jahre darauf, «würde es auch dem größten Genie verdenken, das Lied der Suleika neben Schubert noch einmal zu komponieren, denn er hat ja dem Gedicht das musikalische Mark bis auf den letzten Rest ausgesogen.»

Auch Mignon, das rätselhafte Zwitterwesen zwischen Knabe und Mädchen, wird wieder mit Liedern bedacht: «Heiß mich nicht reden» (D 726) und «So laßt mich scheinen, bis ich werde» (D 727). Mit «Sei mir gegrüßt» (D 741) aus Friedrich Rückerts «Östlichen Rosen» taucht er nochmal in die Welt des orientalischen Mittelalters, und Goethes unbekümmertem «Musensohn» (D 764) mag Schubert sich innerlich verwandt gefühlt haben.

Als sein Bruder Ferdinand, der inzwischen Lehrer am Waisenhaus geworden ist, im Frühling 1820 die Leitung des Chors an der Kirche «Zu den sieben Zufluchten» in der Vorstadt Alt-Lerchenfeld übernehmen soll, hilft er ihm, wie schon früher, selbstlos, sich bei den jedem Neuen gegenüber mißtrauischen und widerborstigen Musikern durchzusetzen. Innerhalb einer halben Stunde schreibt er ihm mit schwarzer Kreide auf ein Stück Packpapier sechs Antiphonen (D 696), Gesangsstücke zur Einrahmung liturgischer Handlungen, die Ferdinand am Palmsonntag unter seinem eigenen Namen aufführen darf. Wenig später tritt Franz selbst in Alt-Lerchenfeld auf. Mit der inzwischen erworbenen Autorität des Professionalisten dirigiert er die «Nelson-Messe» von Haydn.

Das ist ihm auch Anlaß, sich wieder vermehrt der Kirchenmusik zuzuwenden. Auf Ostern hin entsteht das szenische Oratorium «Lazarus, oder: Die Feier der Auferstehung» (D 689) für Solostimmen, Chor und Orchester, ein Werk, das erst Jahrzehnte später wiederentdeckt wurde und von dem leider nur die zwei ersten Handlungen erhalten sind; diese aber verraten eine solche Kunst der dramatischen Gestaltung, enthalten derart köstliche Rezitative und Arien, daß wir es nur bedauern können, nicht alles zu besitzen.

An einer weiteren großen Kirchenmusik arbeitete Schubert seit November 1819, an der Messe in As (D 678). Gleichzeitig entstand Beethovens «Missa solemnis», und auch Schubert fand diesen Namen für sein Werk angemessen. Die feierliche Messe wurde seine bisher reifste Schöpfung dieser Gattung, großartig in der Anlage, in der Bewältigung von Form und Mitteln, und dabei doch von ergreifender Schlichtheit. Das volle Orchester mit seinen für die damalige Zeit ungewöhnlichen drei Trompeten und Posaunen hilft mit Instrumentationskünsten, mit Streicherdämpfern, Pizzikati, Stakkato-Bässen differenziert und klangfarbig jene lichte Frömmigkeit verbreiten, welche die glaubensfrohe Behandlung des ehrwürdigen Textes ausstrahlt.

In diese Zeit der wachsenden Reife fällt auch die Trennung vom Freund und Wohngenossen Mayrhofer. Dessen zunehmende Reizbarkeit und Hypochondrie, aber auch Schuberts eigener Drang nach Ungebundenheit und, ja, sagen wir es: seine Unzuverlässigkeit machten das Zusammenleben immer schwieriger. «Der Strom der Verhältnisse und der Gesellschaft, Krankheit und geänderte Anschauung des Lebens hatten uns auseinander gehalten», berichtet Mayrhofer Jahre später in seinen Erinnerungen. So zog Schubert im Frühjahr 1821 in ein benachbartes Zimmer an der Wipplingerstraße. Auch Anselm Hüttenbrenner kehrte damals nach Graz zurück, um die Verwaltung der väterlichen Güter zu übernehmen, und im Herbst des gleichen Jahres wurde der treue Spaun als Assessor zur oberösterreichischen Zollverwaltung nach Linz versetzt.

Ist es der Abschied von den alten Vertrauten, liegt es an der inneren Unrast oder an einer schöpferischen Krise, daß in jener Periode so viele Werke entstehen, die unvollendet bleiben und doch meisterlich sind? Wir wissen es nicht, denn selbst in seinen eigenen, allerdings spärlich überlieferten schriftlichen Zeugnissen läßt Schubert uns nicht in das Innerste seines Schaffens, seiner Sorgen und Nöte blicken. (Und wir wollen uns auch diesmal hüten, um der Dramatisierung willen unbeweisbare Bezüge herzustellen: im November 1820 heiratete Therese Grob fügsam den Bäckermeister Bergmann, mußte der Musiker also seine Liebe zu ihr endgültig begraben.)

Da ist einmal das wunderbare Streichquartett in c (D 703), von dem Schubert nur den ersten Satz abschloß, den zweiten bloß skizzierte und dann die Arbeit abbrach. Vielleicht, weil er befürchten mußte, den großen Bogen

Rechts: Franz Schubert 1821 nach einer Bleistiftzeichnung seines Freundes Leopold Kupelwieser.

des Beginnens nicht durchhalten zu können, ohne den Rahmen alles Hergebrachten zu sprengen. Gerade darum aber ist dieser eine Quartettsatz so kostbar: Schubert hat zu sich selbst gefunden, zu seinem eigenen, unverwechselbaren Stil. In souveräner Freiheit baut er aus dem Kern des gespenstisch drängenden Hauptmotivs eine ganz neue Spielart der traditionellen Sonatenform auf, findet über das friedlich sanfte zweite Thema zur Durchführung, zur Verarbeitung und gelangt dann wieder zurück zum Thema und zum geisterhaft schwirrenden Motiv des Anfangs. Es ist eines der schönsten Stücke, die je für die edle Formation des Streichquartetts geschrieben wurden.

Das berühmteste dieser Fragment gebliebenen Werke aber ist die siebente Sinfonie in h, die «Unvollendete» (D 759), die Schubert Ende 1822 niederschrieb. Ihr war auf dem Gebiete der Orchestermusik eine frische Ouvertüre in e (D 648) vorangegangen sowie der Entwurf zu einer Sinfonie in E (D 729), der über eine Skizze der vier Sätze nicht hinauswuchs. Mendelssohn, Brahms und Weingartner haben sie später zu ergänzen versucht, allerdings ohne sie retten zu können. Auch die Sinfonie in h ist nicht nur dem Namen nach unvollendet geblieben. Neben den beiden erhaltenen Sätzen existiert tatsächlich das Fragment eines Scherzos mit Trio, und wieder stehen wir vor dem Rätsel, warum Schubert diese Partitur nicht zu Ende schrieb. Verzagte er vor der Aufgabe, das so herrlich Begonnene weiterzuführen, vergaß er die Sinfonie über neuen Aufgaben und Einfällen? Was auch immer der Grund dafür war – die zwei einander geheimnisvoll verwandten Sätze sind sich selbst und uns genug.

Ein elegisches, aus dem Dunkel aufsteigendes Pianissimo der Bässe, ein erregend neuartiger Auftakt, steht am Beginn des Allegro moderato und leitet über zu jener Sangesmelodie von Oboe und Klarinette, die den Grundton von Melancholie legt, der den ganzen Satz prägt. Das gemütvoll ländlerische Nebenthema, von den Violoncelli angestimmt, atmet jene Romantik der österreichischen Landschaft, die später in den Werken von Bruckner und Mahler wieder auftauchen sollte. Nichts wäre verfehlter, als, wie das immer wieder geschieht, Schuberts «Unvollendete» am überlieferten Schema der klassischen Sinfonie zu messen: sie ist unvergleichlich, ruht kühn in sich selbst und entwickelt ihre eigenen Gesetze. Breit strömt die Eingebung dahin im stets neuen Licht einer kunstvollen Instrumentation, wächst an zu mächtigen Crescendi und zu Ausbrüchen voll innerer Dramatik, um dann wieder in zarte Schwermut zurückzusinken.

Der zweite Satz, ein Andante con moto, steht wie der erste im Dreiertakt, aber im tröstlichen E-Dur. Noch weniger als bisher gelten hier die herkömmlichen Regeln der thematischen Entwicklung. Diese sanfte Musik erlöst uns vom Druck der vorangehenden Düsterkeit und führt uns empor in das klare Reich der Schönheit.

So wie auch ein zweiter Turm des Stephansdoms nur Torso blieb und der eine vollendete sich zum Wahrzeichen der Stadt Wien erhebt, ist diese Sinfonie in Form und Wesen ein Gipfel im Schaffen Schuberts. Nicht «Unvollendete», «Vollendete» wollen wir dieses Werk fortan nennen.

Bislang haben wir oft auf die Vorbilder Haydn, Mozart und Beethoven hinweisen müssen. Jetzt aber hat der Fünfundzwanzigjährige eine Sprache gefunden, die ganz seine eigene ist und ihn gleichberechtigt, zukunftsweisend neben die ganz Großen seiner Kunst stellt. Carl Spitteler hat das erkannt: «Wenn wir Schubert zwischen Blumen im Grase liegen sehen – und dies ist seine gewöhnliche Stellung – , sind wir geneigt, ihn als harmlosen Schäfer und Schläfer zu betrachten. Steht er aber einmal auf, so erstaunen wir über seinen Riesenwuchs, über die Majestät seiner Bewegungen, über die herkulische Kraft seiner Leistungen.»

FÜNFTES KAPITEL

Der Freund

Glücklich, der einen wahren Freund findet.

Schubert in seinem Tagebuch,
8. September 1816

«Durch Schubert wurden wir alle Brüder und Freunde», versichert uns Spaun. Und tatsächlich: So unauffällig sich der Meister mit seiner gedrungenen Figur, seinen braunen, sich kräuselnden Haaren über der gewölbten Stirn, seinen graublauen, hinter einer starken Brille versteckten Augen ausnimmt, ist er doch immer der Mittelpunkt einer musischen Runde von Musikern, Dichtern und Malern, von Studenten, Beamten und kunstliebenden Dilettanten aus der Welt jenes Biedermeier, das nicht nur gemütlich nach Kaffee und Lavendel duftete, sondern auch eine Epoche der wohlerzogenen Anmut war und herzlicher Geselligkeit.

Die alten Freunde Josef von Spaun und Anselm Hüttenbrenner sind zwar gegangen, aber neue sind nachgerückt: der liebenswerte Maler Leopold Kupelwieser, der manche Szene aus dem Schubert-Kreis mit dem Pinsel festgehalten hat, und dessen Schüler vor allem, der fröhliche Romantiker Moritz von Schwind. Nach den Worten des Dichters Eduard Bauernfeld, der später selbst zum Schubertkreis gehört hat, war er «eine Künstlernatur durch und durch, kaum minder für Musik organisiert als für Malerei. Das romantische Element, das in ihm lag, trat ihm nun in den Tonschöpfungen seines älteren Freundes zuerst überzeugend und zwingend entgegen – das war die Musik, nach der seine Seele verlangte! Und so neigte er sich auch dem Meister mit seiner ganzen jugendlichen Innigkeit und Weichheit zu, er war völlig in ihn verliebt und ebenso trug Schubert den jungen Künstler, den er

S. 134/135: Gesellschaftsspiel der Schubertianer; zu erraten ist: Der Sündenfall. Der große Kupelwieser als Baum der Erkenntnis, über ihm Schober als Schlange. Vorne am Klavier Schubert mit Kupelwiesers Hund Drago.

Moritz von Schwind, kongenialer Malerfreund und gemütvoller Mittelpunkt des Schubertkreises.

scherzweise seine Geliebte nannte, im Herzen seines Herzens. Er hielt auch grosse Stücke auf Schwinds musikalisches Verständnis, und jedes neue Lied oder Klavierstück wurde dem neuen Freund zuerst mitgeteilt, welchem das immer wie eine neue Offenbarung seiner eigenen Seele klang. Wenn Schwind zeitweise ein Kopfhänger war, so hatte ihn die Natur dafür mit Frische und Humor ausgestattet, dass er über die üblen Stunden bald wieder weg kam. Leicht aufregbar, ging er in Freundeskreisen, wenn er kaum von Wein oder Punsch genippt hatte, von der düstersten Grübelei urplötzlich in die ausgelassenste Lustigkeit über. Schwind war ein musikalischer Maler, er ist der malende Schubert – sie gehörten zusammen, und man kann des einen nicht gedenken, ohne sich des anderen zu erinnern.»

Nach der konzentrierten Arbeit, die Schubert so gewissenhaft versah wie ein Beamter seinen Dienst, traf man sich gewöhnlich zwischen fünf und sieben Uhr abends in der «Schwarzen Katze» an der Annagasse, in der «Schnecke» bei St. Peter oder in einem Separatzimmer des schönen Gasthofs

Das Gasthaus «Zur ungarischen Krone» an der Ecke Himmelpfortgasse und Seilerstätte, wo schon Mozart eingekehrt war und Schubert sich um 1822 mit seinen Freunden traf.

«Zur Ungarischen Krone». Dort wurde dann im Tabaksdunst langer Pfeifen, beim Schein von Öllampen und Talgkerzen disputiert und getrunken, je nach dem Stand der Finanzen Bier, Wein oder Punsch. In dieser Atmosphäre belebten sich Schuberts Züge, spannte sich seine Haltung und blitzten die Augen. «Kann er was?», fragte er flüsternd seine Nachbarn, sooft jemand neuer hereintrat, und bald erhielt er auch den Spitznamen «Canevas».

Später ging's oft zu einem der Wirtshauskameraden nach Hause, wo man es sich im Musikzimmer bequem machte und Schuberts neuesten Kompositionen lauschte. Die Begeisterung über solche Abende schwingt noch in den Worten fort, die davon berichten: «Eine Fülle der schönsten Tonblüten ergoss sich auf die von Bewunderung hingerissenen Zuhörer. Musik war die Sphäre, in der er lebte und atmete, wo seine Subjektivität unbewusst zur höchsten Entfaltung gelangte, sein ganzes Wesen in Ekstase geriet.»

Da erklang zum erstenmal die Fantasie in C (D 760), die nachmals berühmte «Wandererfantasie». Sie ist kurz nach der «Unvollendeten» entstanden und scheint vor Schuberts eigenem, strengen Urteil Gnade gefunden zu haben. Als er aber beim Vortrag gegen den Schluß hin steckenblieb, sprang er mit den Worten: «Das Zeug soll der Teufel spielen!» von seinem Stuhl auf. Das Werk ist, obwohl es nicht nur technisch, sondern auch klanglich voller Schwierigkeiten steckt, eines seiner meistaufgeführten Klavierstücke geworden, und dies zu Recht. Es sind in ihm die Grundzüge Schubertschen Wesens, Schubertscher Musik in vollkommener Weise vereinigt: der tänzerische Rhythmus, die differenzierte Harmonik mit ihrem launischen Wechsel von Dur nach Moll, der Einfallsreichtum, die eingängige Melodik, die lebendige Bewegung auch der lyrischen Stellen.

Frei, wie spontan improvisiert, strömt die Fantasie dahin, und doch ist sie zu vier Sätzen organisch fest gefügt. Alles entwickelt sich aus dem einen prägnanten Motiv im von Schubert so bevorzugten Klopfrhythmus, einer Abwandlung des Themas aus dem Lied «Der Wanderer», das dem Stück den Namen gab. Wie einem Zweig, der unerschöpflich frische, wunderbare Blüten treibt, entspringen ihm stets neue Abwandlungen, im feurigen Allegro, im liedhaften Adagio, im volkstümlichen Walzer und schließlich im fugierten Finale. Während dieses Werk weit in die Zukunft weist – als eine sinfonische Dichtung im kleinen legt es den Grund zur Weiterentwicklung der Klavierfantasie durch Schumann und Liszt – führt die Sonate in a für Klavier (D 784), die zweite in dieser Tonart, wieder zurück zur überlieferten Form. Schubert füllt sie aber mit solch eigenartig liebenswürdiger Romantik, daß man darin, wie Oscar Bie es formuliert hat, «wie in Musik spazieren geht».

Man begnügte sich nicht mit Klaviervorträgen. Häufig sang Vogl oder sein begabter Schüler Carl von Schönstein, den Schubert bei den Esterházys kennen und als Interpreten schätzen gelernt hatte, eben fertiggestellte Lieder frisch vom Blatt. Die kühn dramatische Ballade «Der Zwerg» (D 771) nach Collin etwa oder das von Licht und Wellen durchflutete «Auf dem Wasser zu singen» (D 774) nach Stolberg mit seinen wogenden Sechzehnteln. Bei einer solchen intimen Soiree erklang auch das berühmt gewordene «Du bist die Ruh» (D 776), auf einen Text wieder aus Rückerts «Östlichen Rosen», und die beseelteste der vielen Vertonungen von Goethes Gedicht «Wandrers Nachtlied» (D 786), «Über allen Gipfeln ist Ruh».

Gelegentlich setzte sich auch der in Ungarn geborene ausgezeichnete Dilettant Josef von Gahy neben Schubert ans Klavier, und sie spielten zusammen die effektvolle Ouvertüre in F (D 675) oder – mit überkreuzten Händen – das heitere Rondo in D (D 608). «Die Stunden, die ich mit Schubert im Zusammenspiel verlebt», erinnerte sich später von Gahy, «gehören zu den genussreichsten meines Lebens, und ich kann jener Zeit nicht gedenken, ohne auf das Tiefste ergriffen zu sein. Nicht nur, dass ich bei solchen Gelegenheiten viel Neues kennen lernte, so gewährte mir das reine, geläufige Spiel, die freie Auffassung, der bald zarte, bald feurig energische Vortrag meines kleinen, dicken Partners grosse Freude, welche dadurch noch erhöht wurde, dass sich gerade bei diesen Anlässen Schuberts Gemütlichkeit in ihrem vollen Glanz entfaltete, und er die verschiedenen Kompositionen durch launige Einfälle, mitunter auch durch sarkastische, aber immer treffende Bemerkungen zu charakterisieren pflegte.»

Als Dreingabe schließlich könnte Schubert eines seiner «Moments musicaux» (D 780) gespielt haben, eine jener köstlichen Miniaturen, die, wie Nietzsche in anderm Zusammenhang es ausdrückt, «in den kleinsten Raum eine Unendlichkeit von Sinn und Süße» drängen. Schuberts Vorgänger auf diesem Gebiete des musikalischen Genrestücks, von Couperin über Bachs Sohn Philipp Emanuel bis hin zur Prager Schule von Jan Tomášek und seinem Schüler Hugo Voříšek erscheinen im Nachhinein wie Wegbereiter der inspirierten Gedichte in Tönen, wie sie aus Schubert als stimmungsdichte Herzensergießungen hervorquellen.

Auch die vielen bedeutenden Nachfolger, Mendelssohn, Chopin, Schumann, Grieg, Debussy und wie sie alle heißen, haben seine Konzentration im musikalischen Augenblick nicht wieder erreicht – die «Moments musicaux» (oder, wie er sie in fehlerhaftem Französisch nannte, «moments musicals») sind und bleiben duftender Nektar, gesogen aus der blauen Blume der Romantik.

In den hell erleuchteten Sälen vieler Gasthäuser, hier der «Goldenen Birne», drehte man sich zu den Klängen des neumodischen Walzers.

Nicht immer blieb es an solchen Abenden bei der Musik. Man war in jener Zeit regen Geistes und geselliger Gastlichkeit unerschöpflich in der Erfindung von «Rekreation». Da wurden neben Homer und Aischylos, Shakespeare und dem Lied der Nibelungen neue Dichtungen und Romane vorgelesen – Schlegels poetische «Abendröte» etwa, Kleists meisterliche Prosastücke «Michael Kohlhaas» und «Die Marquise von O . . .» oder eine der Novellen Tiecks –, da wurden mit verteilten Rollen ganze Dramen wie Goethes «Faust» oder wieder Kleists «Zerbrochener Krug» und «Käthchen von Heilbronn» rezitiert. Und wenn man sich nicht gerade auf solch unterhaltende Weise mit der modernen Literatur des Tages vertraut machte, wurden Pfänderspiele veranstaltet, Charaden und lebende Bilder. Mit den

mmenkünften, bei denen Johann Michael Vogl die neuesten Lieder seines Schützlings sang un

In der Wohnung Josef von Spauns trafen sich die Schubertianer regelmäßig zu geselligen Zusa
Schubert am Klavier seine letzten Kompositionen vortrug.

einfachsten Mitteln und Requisiten stellte man Szenen aus bekannten Theaterstücken, aus Religion und Mythologie dar, und die übrigen Gäste mußten dann erraten, woher das Bild genommen war. Da sah man Shakespeares Julia in einem schauerlichen Grabgewölbe liegen, wie sie eben von Fackelträgern aufgefunden wird, oder man wurde Zeuge von Evas Sündenfall, den der mit einem Besen als Himmelszepter versehene von Gahy als Gottvater zu ahnden im Begriffe steht, während Kupelwieser mit Grünzweigen in beiden Händen den Baum der Erkenntnis mimt. Auf biblische Motive folgten antike, die Erstürmung des Olymps durch die Titanen etwa oder des Odysseus Abrechnung mit den Freiern. So wurden die Idole der Zeit, ihre Großtaten und Abenteuer, für einen Augenblick Wirklichkeit.

Heiter genoß man die anregende Unterhaltung, die Damen in knöchellangen, weißen, blaßrosa oder violetten Roben mit Rüschenbesatz, ein lebhaft rotes oder blaues Band aus Atlas oder Samt um die hohe Taille, die Herren im dunklen, kaffeebraunen oder olivgrünen Frack mit Umlegekragen, in Pikeeweste und eng zulaufenden, weißen oder nankinggelben Pantalons. Wurde die Stimmung ausgelassener, mußte Schubert sich wieder ans Klavier setzen und zum Tanz aufspielen. Unermüdlich improvisierte er Galopps, Ländler, Schottische und Walzer, bis ihm die Finger wehtaten und die Tänzer vor lauter turbulentem Entzücken außer Atem waren.

Österreich mit seiner sinnlichen Lebensfreude, seiner Mischung vieler Kulturen war der Nährboden, auf dem sich jene Blüten entfalteten, die als Walzer die Welt erobern sollten. Wien schien nur darauf zu warten: nach der Not der Kriegsjahre geriet es in einen wahren Festtaumel, «das gesellschaftliche Buschwerk wuchert», schrieb Adalbert Stifter, «und die Bälle und aller Teufel ist los». Überall wurde getanzt, die höfische Steifheit der bisherigen Gesellschaftstänze wich dem locker schmeichelnden Walzer. Er wurde zum Ausdruck eines frischen Lebensgefühls, ja einer neuen Erotik: man wollte einander nicht mehr wie bei Gavotte und Menuett züchtig nur bei den Fingerspitzen berühren, sondern sich umarmen, sich eng umschlungen drehen, bis einem die Sinne schwanden. «Erlaubt ist, was sich ziemt», hatte das Menuett geflüstert – «erlaubt ist, was gefällt», jubelte nun der Walzer.

«Besonders in Wien hat dieser Tanz, Dank dem musikalischen Gehöre der Einwohner, all den Reiz bekommen, der ihm eigen ist», berichtet ein anderer Zeuge, Graf de La Garde; «man muss es dort mit ansehen, wie der Herr seine Dame nach dem Takte unterstützt und in dem wirbelnden Laufe hebt und diese dem süssen Zauber sich hingibt und eine Art von Schwindel ihrem Blick einen unbestimmten Ausdruck verleiht, der ihre Schönheit vermehrt. Man kann aber auch kaum die Macht begreifen, die der Walzer ausübt.

Die Tänze Schuberts sind schwer zu datieren: sie entstanden als – unsterbliche – Gelegenheitskompositionen für die Runden der Schubertianer.

Sobald die ersten Takte sich hören lassen, klären sich die Mienen auf, Augen beleben sich, ein Wonnebeben durchrieselt alle.»

Dieses Elixier im Dreivierteltakt entsprang dem rustikalen Ländler, wie er aus der Provinz hereintönte und wie ihn Schubert schon als Knabe in den Höfen des Himmelpfortgrunds von fahrenden Musikanten gehört hatte. Daraus wurden unter seinen Händen später edle, biegsame Gebilde, volkstümliches Tanzstück, zärtliches Biedermeier und höchste Kunstform in einem. Diese Weisen, die in ihren Dreiklangbrechungen noch an den Überschlag des Jodlers erinnern, sind genau so für das süße Vorstadtmädl geschrieben wie für die feine Baroneß, sie sind die musikalische Schönheitengalerie Schuberts.

Der Komponist, der selbst nicht gern tanzte, obwohl er doch den Rhythmus im Blut hatte, schrieb zu seiner Zeitgenossen und auch noch zu

on Moritz v. Schwind

st

Nauer

udwig Kraißl
Josef Kenner
Marie Ottenwalt, geborene v. Spaun
udwig Ferdinand Schnorr
Moritz v. Schwind
Anna Hönig, verehelichte Mayerhofer v. Grünbühel
August Wilhelm Rieder
eopold Kupelwieser
herese Hönig, geborene v. Puffer, wieder verehelichte Gutherz
omtesse Esterházy

32. Anton Dietrich
33. Franz v. Schober
34. Romeo Franz Seligmann
35. Ernst v. Feuchtersleben
36. Franz Grillparzer
37. Justine v. Bruchmann, verehel. Smetana
38. Eduard v. Bauernfeld
39. Franz v. Bruchmann
40. Johann Senn
41. Johann Mayrhofer
42. Ignatz Franz Castelli

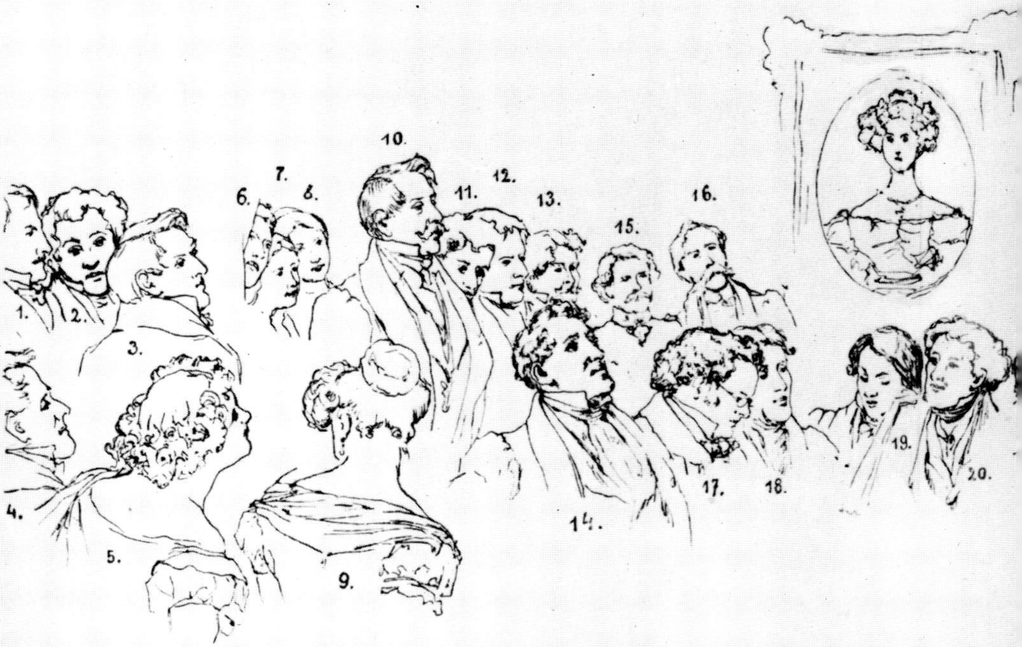

Schlüssel zum „Schubert-Abend“ v

Nach Alois Tr

Gezeichnet von Hans I

1. Karl Pinterics
2. Josef Witteczek
3. Franz Lachner
4. Ignatz Lachner
5. Eleonore Stohl, verehelichte Schrotzberg
6. Friedrich Diez
7. Sophie Hartmann, verehelichte Diez
8. Karoline Hetzenecker, verehelichte Mangstl
9. Marie Pinterics
10. Karl v. Schönstein
11. Benedikt Randhartinger
12. Josef Gahy
13. Johann Steiger v. Amstein
14. Johann Michael Vogl
15. Ferdinand Mayerhofer v. Grünbühel
16. Anton v. Doblhoff-Dier
17. Franz Schubert
18. Josef v. Spaun
19. Franz v. Hartmann
20. Anton v. Spaun
21. Unbekannt
22. Kunigunde Vogl, geborene Rosa
23.
24.
25.
26.
27.
28.
29.
30.
31.

Bildnis an der Wand: Karoline

unserer Freude eine Menge von Tänzen, über dreihundert an der Zahl, darunter im Dreivierteltakt Deutsche, Ländler und eben: Walzer (D 145, 146, 365, 366, 420, 734, 779, 783, 790). Zu ihnen gehören der berühmte sogenannte «Trauerwalzer» aus dem Jahre 1818, den Schubert später für sein «Kaffeh-, Wein- und Punschbrüderl Anselm Hüttenbrenner» nochmals aufschrieb, die «Wiener Damen-Ländler» und die «Valses sentimentales». Ein Walzer-Kompendium, das bald die um nur ein weniges jüngeren Josef Lanner und Johann Strauß erweitern helfen sollten.

Nach solch einer «Schubertiade», wie diese Abende schon damals genannt wurden, konnte man die Gäste im Fiaker oder zu Fuß durch das nächtliche Wien heimkehren hören, die eben vernommenen Melodien auf den Lippen, bevor dann um zwei Uhr die Lichter hinter den weißglasigen Scheiben der Laternen verglommen. Auch Franz Schubert selbst ging glücklich in seine Klause zurück, denn ihm ersetzten solche Abende im Freundeskreis Heim und Familie. Manchmal ging er auch gar nicht erst in sein Zimmer zurück. Müde wie er war, breitete er ohne viel Umschweife seinen Mantel auf die nächstbeste Ruhegelegenheit beim Gastgeber, hüllte sich ein und schlief sofort fest, die Brille noch auf der Nase. Er wollte beim Aufwachen gleich zum Schreiben bereit sein!

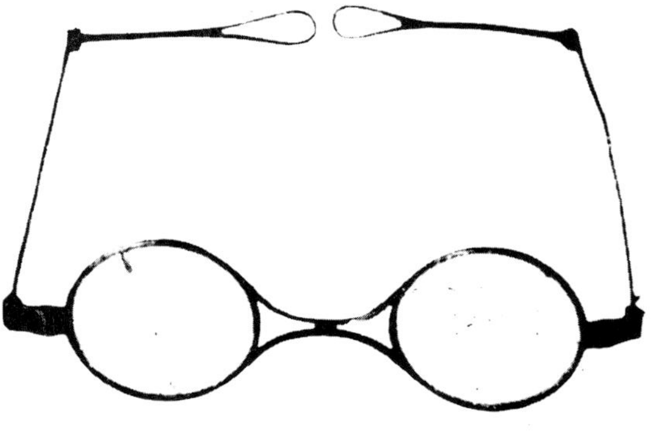

Schuberts Augengläser, die er oft sogar nachts aufbehielt.

So aufgeräumt, so ungezwungen Schubert sich unter Freunden gab, so zugeknöpft war er, wenn ihn ein Kamerad in der guten Absicht, ihn weiteren Kreisen bekannt zu machen, zu einer fremden Gesellschaft mitnahm. Lieber behielt er seinen ungepflegten, nach Tabak riechenden Alltagsrock an, als daß er für die feinen Leute den Frack anzog. «Das Bücklingemachen war ihm», wie Hüttenbrenner festhält, «zuwider und das Anhören ihm geltender Schmeichelreden geradezu ekelhaft.» Deshalb ließ er bei solchen Gelegenheiten gern Hüttenbrenner ans Klavier und zog sich wortlos in einen Winkel des Salons zurück oder hörte gar unbemerkt von einem Nebenzimmer aus

Der liebenswürdige Wiener Vorort Döbling am Abhang des Wienerwalds zur Donau hin, wo sich Stadt und Land begegneten.

zu. «Du», flüsterte er Anselm dann zu, «diese Frauenzimmer sind mir zuwider mit ihren Artigkeiten. Sie verstehen von der Musik nichts, und was sie mir da sagen, geht ihnen nicht von Herzen. Geh, bring' mir heimlich ein Glaserl Wein.»

Zuweilen verschwand er plötzlich aus einer Gesellschaft, zurück zu den Freunden am Stammtisch, oder er erschien erst gar nicht. Die ob solcher Unhöflichkeit verstimmten Gäste versuchte Vogl zu beschwichtigen: «Vor Schuberts Genius müssen wir alle uns beugen, und wenn er nicht kommt, müssen wir ihm auf den Knien nachkriechen.»

Lieber wanderte Schubert über die sanftgeschwungenen Hügel der Umgebung von Wien, «etwas angenehmeres wird es wohl schwerlich geben», äußerte er einmal, «als sich nach einem heissen Sommertag im Grünen zu

ergehen.» Nach kurzer Wanderung war man dem Staub der Stadt entkommen und befand sich in einem der vielen Weindörfer ringsum, wo «der Buschen ausgsteckt» war und Heuriger ausgeschenkt wurde, konnte man sich an den Ufern der Donau oder auf dem Kahlenberg niederlassen, von wo aus man bei schönem Wetter weit nach Niederösterreich hinein bis an die mährisch-böhmischen Berge sehen kann. Oft nahm man vor den Toren auf einem Zeiselwagen Platz, alles drängte sich da hinauf, bis sich die Sitzbretter bogen, und fuhr dann hinaus aufs Land. An Landhäusern vorbei kutschierte man durch Alleen von wilden Kastanienbäumen, durch kleine Wäldchen und an ländlichen Tempeln mit Pappeln und Trauerweiden vorüber nach dem Schlößchen Atzenbrugg bei Tulln, dessen Verwalter ein Onkel von Schober war. Lachend und singend zog man durch Wiesen und

Links: Landpartie der Schubertianer auf einem «Wurstwagen», hinter dem links zu Fuß der Maler Kupelwieser und Schubert zu erkennen sind.

Rechts: Der Aquarellist Leopold Kupelwieser, der manche Szene aus dem Leben der Schubertianer zeichnerisch festgehalten hat.

Felder, vergnügte sich mit Ball- und Rätselspiel. Abends aber, beim stillen, blassen Licht der Gartenlampen, wurde musiziert. War kein Klavier aufzutreiben, hatte man keine Gitarre mitgebracht, so wurde einer jener vierstimmigen Gesänge angestimmt, mit denen Schubert sich so gut in diese Landschaft eingefühlt hat: «Gott in der Natur» (D 757) für zwei Sopran- und zwei Altstimmen, für die Schwestern Fröhlich geschrieben, oder den stimmungsvollen «Gondelfahrer» (D 809) nach Mayrhofer für Männerquartett. War aber ein Instrument vorhanden, spielte Schubert wieder einmal zum Tanz auf, «Atzenbrugger Deutsche» (D 145, 365).

Im Herbst 1821 wanderten Schubert und Schober von Atzenbrugg aus nach St. Pölten nahe der niederösterreichischen Voralpen. Dort amtete ein anderer Onkel von Schober als Bischof. Der geistliche Herr gewährte den

Carl Maria von Weber, der genial-elegante Komponist des «Freischütz», den Schubert verehrte.

S. 152/153: Ballspiel in Atzenbrugg – Landschaft und Schloß von Schober, die Figuren von Schwind gezeichnet. Vorne sitzend Schwind mit einem abstehenden Haarbüschel, Johann Michael Vogl mit Zylinder und Gitarre, Schubert mit Pfeife.

beiden großzügig Gastfreundschaft. «Unser Zimmer in St. P.», schrieb Schober an Spaun, «war besonders lieb, die 2 Ehebetten, ein Sofa neben dem warmen Ofen, ein Fortepiano nahmen sich ungemein häuslich und heimisch aus. Abends referierten wir immer einander, was des Tages geschehen war, liessen uns dann Bier holen, rauchten unsere Pfeife und lasen dazu, oder Sofie und Nettel kamen herüber und es wurde gesungen.» Bälle und Konzerte hielten sie beschäftigt, aber sie waren «demohngeachtet fleissig, besonders Schubert, er hat fast 2 Akte, ich bin im letzten. Ich hätte nur gewunschen, Du wärst da gewesen und hättest die herrlichen Melodien entstehen hören, es ist wunderbar, wie reich und blühend er wieder Gedanken hingegossen hat.»

Das Werk, an dem sie gemeinsam arbeiteten, war das spanische Ritterstück «Alfonso und Estrella» (D 732), zu dem Schober das Libretto schrieb und Schubert eine dickleibige Partitur von 530 Seiten mit vierunddreißig Nummern. Sie enthält, wie seine Versuche auf diesem Gebiete schon so oft, viele reizvolle Stellen und verfügt über eine aparte Instrumentation, krankt aber wiederum am Libretto. Schober selbst sah hinterher ein, daß sein Text, «in aller Unschuld des Geistes und des Herzens hingeschrieben, ein so elendes, totgeborenes Machwerk war, dass selbst ein so grosser Genius, wie Franz Schubert war, sie nicht zu beleben vermochte».

Die Oper – sie ist ganz durchkomponiert und hält etwa die Mitte zwischen Musikdrama und Singspiel – sollte beim neuen Pächter des Kärntnertortheaters Domenico Barbaja eingereicht werden. Diesem Neapolitaner lag zwar die italienische Oper mehr am Herzen als die deutsche, aber er setzte sich auch für diese ein. So holte er im Februar 1822 Carl Maria von Weber nach Wien und ließ ihn den «Freischütz» dirigieren, mit dem dieser kurz zuvor in Berlin seinen Ruhm begründet hatte. Das Publikum jubelte, «warf Kränze, streute Gedichte aus». Der elegante deutsche Komponist war der Held des Tages, interessierte sich aber auch für das Musikleben in der Kaiserstadt. Dabei kam er mit Schubert zusammen und versprach ihm wohl, sich für ihn einzusetzen. Hoffnungsvoll schreibt dieser nämlich im Dezember des gleichen Jahres an Spaun: «Mit der Oper ist es in Wien nichts, ich habe sie zurück begehrt und erhalten. Ich werde sie in Kurzem entweder nach Dresden, von wo ich vom Weber einen vielversprechenden Brief erhalten, oder nach Berlin schicken.»

Überflüssig zu sagen, daß auch diese Erwartungen sich zerschlagen sollten. 1823 kam Weber wiederum nach Wien, zur Aufführung der Auftragsoper «Euryanthe». Anschließend traf man sich in der «Ungarischen Krone», wo der Gast logierte. Nach seinem Urteil befragt, gestand Schubert ehrlich und undiplomatisch, das Werk scheine ihm zwar trefflich gearbeitet, er vermisse darin aber die herrliche Melodik des «Freischütz». Das verärgerte, obwohl er sich's nicht anmerken ließ, den empfindlichen Deutschen, und Schubert konnte nicht mehr auf seine Fürsprache zählen. Um der Wahrheit die Ehre zu geben: auch an diesem Mißerfolg war weniger der Komponist, als wieder einmal ein schwacher Text schuld. Er stammte von der Dichterin Helmina von Chézy, mit der Schubert wenig später ähnliche Erfahrungen machen sollte.

«Die Klage der deutschen Tonsetzer geht meistens dahin: ‹Ja, wir möchten gerne Opern in Musik setzen, schafft uns nur Texte dazu!› Hier ist einer, meine Herren! – Lasst uns etwas für die eigentliche deutsche Oper tun, meine Herren!» Mit diesen selbstbewußten Worten kündigt der Wiener Theaterdichter Ignaz Franz Castelli im Februar 1823 ein Libretto über die ins Mittelalter verlegte Fabel «Lysistrata» des Aristophanes an. Und wieder macht sich Schubert an die Arbeit, er schreibt zum durchaus gelungenen

Das Theater an der Wien ist eine der ehrwürdigsten Bühnen der Kaiserstadt: in ihm waren schon Beethovens Oper «Fidelio», verschiedene Sinfonien und das Violin-

 s. S. 86/87 und 74/75

konzert zum ersten Mal erklungen, hier wurde am 20. Dezember 1823 das große romantische Schauspiel «Rosamunde» mit Musik von Schubert aufgeführt.

Text des Einakters «Die Verschworenen» (D 787) – der Titel mußte später auf Weisung der ängstlichen Zensur in «Der häusliche Krieg» verharmlost werden – eine frische, natürliche Musik, genial und herzlich, die heute noch öfter aufgeführt zu werden verdiente.

Aber damit nicht genug. Fast gleichzeitig entsteht zu einem bombastisch-primitiven Buch von Kupelwiesers Bruder Josef, dem Sekretär des Theaters in der Josefstadt, die heroische Oper «Fierabras» (D 796). Der Text setzt nach den Worten des angesehenen Wiener Musikkritikers Eduard Hanslick einen «vollständigen Kindheitszustand des Publikums» voraus sowie eine «ebenso vollständige Resignation des Komponisten auf alles, was Poesie, Geschmack und Zusammenhang heißt.»

Mutlos schreibt Schubert denn auch im März 1824 an Leopold Kupelwieser, der sich in Rom der religiös-romantischen Malerkolonie der Nazarener angeschlossen hatte: «Die Oper von Deinem Bruder wurde für unbrauchbar erklärt, u. mithin meine Musik nicht in Ansprache genommen. Die Oper von Castelli, ‹Die Verschworenen›, ist in Berlin von einem dortigen Componisten componiert, mit Beyfall aufgenommen worden. Auf diese Art hätte ich also wieder zwey Opern umsonst komponirt.»

Mit seinen Opern ging es Schubert wie Eltern mit ihren Sorgenkindern: je mehr Kummer sie ihm bereiteten, desto fester hängte er sein Herz an sie. Zum Glück für die Nachwelt ließ sich Schubert – wie stark mußte in ihm der Wille zur Dramatik sein! – nochmal dazu verleiten, die Musik zu einem Bühnenstück zu schreiben. Es sollte, sieht man von einigen späteren Entwürfen zu Bauernfelds «Der Graf von Gleichen» (D 918), die er bald wieder liegenließ, ab, seine letzte sein, dafür aber seine volkstümlichste.

Die schon erwähnte Helmina von Chézy, ein für jene Zeit nicht untypisches literarisches Frauenzimmer, «äusserst gutmütig, etwas lächerlich und die Reinlichkeit nicht ihre Haupttugend», hatte für eine Benefizvorstellung im Theater an der Wien das romantische Schauspiel «Rosamunde, Fürstin von Zypern» verfaßt, zu dem Schubert Chöre, Musikbegleitung und Tänze schrieb (D 797). Diese fanden schon bei der ersten Aufführung am 20. Dezember 1823 mehr Anklang als das fade Buch. Schwind berichtete Schober, der sich inzwischen in Breslau als Schauspieler versuchte: «Vorgestern wurde in Wien ein Stück von der heillosen Fr. v. Chézy gegeben: Rosamunde von Cypern mit Musik von Schubert. Du kannst Dir denken, wie wir alle

Rechts: Anzeige der Benefiz-Vorstellung des Schauspiels «Rosamunde» für die Darstellerin Emilie Neumann.

Theater = Anzeige.

Se. Excellenz Herr Graf Ferdinand von Pálffy, Eigenthümer des k. k. priv. Theaters an der Wien, bewilligten der Unterzeichneten eine Vorstellung zu ihrem Vortheile; dieselbe gibt sich demnach die Ehre, einen hohen Adel und das verehrungswürdige Publikum gehorsamst zu benachrichtigen, daß diese Vorstellung Samstag den 20. December 1823 im k. k. priv. Theater an der Wien Statt finden, und an diesem Tage gegeben werden wird:

Zum ersten Mahle:

Rosamunde, Fürstinn von Cypern.

Großes romantisches Schauspiel in vier Aufzügen, mit Chören, Musikbegleitung und Tänzen, von Helmine von Chezy, geborne Freyinn Klencke.

Musik von Herrn Schubert.

Die gesperrten Sitze sind an der Theaterkasse, Kärnthnerstraße Nro. 1038, nächst dem Kärnthnerthore, im ersten Stock, zu den gewöhnlichen Amtsstunden zu haben.

Die (P. T.) Herren Abonnenten, welche ihre Logen und gesperrten Sitze für diesen Abend zu behalten gesonnen sind, werden höflichst ersucht, den Tag vor der Vorstellung gütigst Meldung davon geben zu lassen.

Emilie Neumann,

Schauspielerinn des k. k. priv. Theaters an der Wien.

Voranzeige der Uraufführung in Wien
(19. Dezember 1823)

K. u. k. General-Intendanz der k. k. Hoftheater, Wien

hineingingen. Schubert hat die Ouverture, die er zur Estrella geschrieben hat, hergegeben, da er sie für die Estrella zu ‹aufhauerisch› findet und eine neue machen will. Mit allgemeinem Beifall wurde sie wiederholt zu meiner größten Freude. Du kannst Dir denken, wie ich die Basse und die Instrumentierung verfolgte. Ich weiss, dass Du dafür geforchten hast . . . Ein Ballett ging unbemerkt vorüber und ebenso der zweite und 3te Zwischenakt.»

Die Rosamunde-Musik erhielt später die Ouvertüre zur «Zauberharfe» vorgesetzt, und zusammen mit den zwei Zwischenmusiken und den Balletten, die vom Premierenpublikum so gar nicht goutiert wurden, hat sie sich bis heute – zwar nicht auf der Bühne, aber doch im Konzertsaal – als eines der beliebtesten, populärsten Orchesterwerke Schuberts halten können. Nach den wuchtig breiten Einleitungstakten und einem elegischen Unisono von Oboe und Klarinette folgen tänzerische Themen der Streicher, süß und verführerisch. Sie steigern sich zu einem wirkungsvollen Vivace. Die Ballette dann mit dem wienerisch gemächlichen Marsch, mit den immer neue Tonart und Gestalt annehmenden Tänzen, die Entreakte, Impromptus für Orchester, deren eine unvergängliche Melodie auch in einem Klavier-Impromptu und im Andante-Satz des Streichquartetts in a wiederkehrt; die traurig-traute Romanze vom Vollmond auf Bergeshöhen sodann und endlich der Geisterchor mit der eigentümlichen Hornbegleitung und den von Schubert recht eigentlich ins Orchester eingeführten Posaunen – hinreißend, romantisch, betörend all das: ach, wie soll man die Herrlichkeiten mit Worten beschreiben, ohne in Plattheit zu verfallen?! Müßte man Schubert in ein paar wenigen Takten erklären, die Musik zu «Rosamunde» enthält ihn ganz.

Neunzehn Bühnenstücke, Singspiele, Opern entwarf Schubert, viele davon begann er nur, wenige vollendete er, und wie dürftig nimmt sich aus, was davon erhalten blieb! Man kann nur wieder Hanslick beipflichten, der dreiviertel Jahrhundert später schrieb: «Mit Bewunderung und Trauer blicken wir auf die reiche dramaturgische Tätigkeit Schuberts. Wenn man dies unerschöpfliche Talent zu benützen gewusst hätte, was konnte Schubert der deutschen Bühne werden! Während sein ungestümer Schaffensdrang sich wahllos an das albernste Textbuch, an die erstbeste Gelegenheitsarbeit für die Vorstadt-Theater hingab, hätte es von der Einsicht eines Opern-Direktors abgehangen, Schubert zu einem Schmucke, zu einem ganzen Schmuckkästchen der deutschen Oper zu machen.»

Von anderer Seite erfuhr Schubert damals jedoch durchaus Anerkennung. So wurde er in den Abendunterhaltungen der Gesellschaft der Musikfreunde, deren Mitglied er inzwischen geworden war, mehrmals einem dankbaren Publikum von Kunstliebhabern mit solchem Erfolg als Komponist und Pianist vorgestellt, daß darauf tagelang «die ganze Stadt von Schubert und seinen Liedern» sprach, «man riss sich darum, schrieb sie ab und bald erschienen ein paar Hefte bei Diabelli.»

Wir haben schon vom stattlichen Erlös erfahren, den Schubert daraus zog. Während seine Freunde klug und vorsorglich weiterverhandelten, bot ihm selbst der geschäftstüchtige Verleger hinter ihrem Rücken statt der schwankenden Zahlungen für einzelne Hefte eine einmalige Abfindung von 800 Gulden für das Eigentumsrecht an allem Erschienenen an. Der Ahnungslose, wohl wieder in finanziellen Nöten, willigte ein und vergab sich damit alle Aussicht auf ein respektables Einkommen. «Dieses eigentlich undankbare Benehmen Schuberts», erinnert sich verständnisvoll Sonnleithner, «entfremdete ihn uns keineswegs; wir bedauerten seine Schwäche, fuhren aber fort, uns der Aufführung und Verbreitung seiner Werke anzunehmen. Leider befand sich Schubert, dem jeder Sinn für Geldwirtschaft fehlte, immer in Verlegenheit, so dass die Verleger, wenn er gerade Geld brauchte, ihm seine Werke zum Spottpreise abnahmen, und dabei das Hundertfache gewannen.» Zur Illustration: Diabelli verdiente allein am Lied «Der Wanderer» später 27 000 Gulden!

Solange sie noch in Wien gewesen waren, hatten die unermüdlichen Freunde Hüttenbrenner und Spaun Schubert helfen wollen. Ihre Bemühungen, eine Verbindung mit ausländischen Verlagen zu knüpfen, schlugen jedoch fehl. Im Februar 1817 bereits hatten sie Breitkopf & Härtel in Leipzig, der schon damals führenden Stadt des Verlagswesens, den «Erlkönig» angeboten. Ein Dresdener Namensvetter Franz Schubert, der fälschlicherweise für den Urheber gehalten wurde, hatte sich pikiert dagegen verwahrt: er wolle das Manuskript behalten, schrieb er, nachdem die Noten statt nach Wien zurück an ihn gelangt waren, dem Verleger, «um etwan zu erfahren, wer dergleichen Machwerk an Ihnen auf so eine unhöfliche Art übersendet hat, und um auch diesen Padron zu entdecken, der meinen Namen so gemissbraucht».

Dann versuchten es Schuberts Freunde mit dem anderen renommierten Leipziger Verleger, mit C. F. Peters. Aber der verwies wie so manch anderer in einer weitschweifigen Antwort auf die Schwierigkeiten, die einer Veröffentlichung im Wege ständen, auf «die Neuheit und den in meinem Wirkungskreise noch unbekannten Namen eines angehenden Komponisten». Man sieht, auch die Verlegersprache hat ihre Tradition.

Später kamen noch weitere Eingaben hinzu, bei Schott in Mainz, bei Hans Georg Nägeli in Zürich und bei anderen. Aber alles war vergebens: einmal wollten die Verleger das verlangte Honorar nicht zahlen, das andermal wünschten sie «etwas minder Schweres und doch Brillantes, auch in einer leichteren Tonart».

So naiv, um nicht zu sagen: leichtfertig Schubert in Gelddingen auch war, künstlerisch ließ er sich zu keinen Konzessionen herbei: «Wenn nur mit den – von Kunsthändlern etwas Honnetes zu machen wäre, aber dafür hat schon die weise und wohltätige Einrichtung des Staates gesorgt, dass der Künstler ewig der Sclave jedes elenden Krämers bleibt.»

Um so mehr freut er sich, als ihn im April 1823 der Steiermärkische Musikverein «in voller Würdigung Ihrer bereits allgemein anerkannten Verdienste als Tonkünstler und Tonsetzer» mit einem schön dekorierten Diplom zum Ehrenmitglied ernennt. Schubert dankt dem Vorsitzenden Anselm Hüttenbrenner mit der Übersendung der Partitur seiner Sinfonie in h, der «Unvollendeten». Der so reich Beschenkte aber läßt das Manuskript mehr als vierzig Jahre lang in einer Schublade liegen! Erst 1865, lange nach des Meisters Tod, entlockt sie ihm der Wiener Dirigent Johann Herbeck mit List für eine postume Uraufführung. Wir werden nie erfahren, warum der alte Freund das kostbare Manuskript so eifersüchtig hütete, und noch weniger, weshalb sich der Komponist selbst nicht weiter darum gekümmert hat.

Denn Schubert war sich seines und seiner Werke Wert sehr wohl bewußt, wie eine Geschichte beweist, die der Dichter Bauernfeld mitteilt: «Es war an einem Sommernachmittag und wir waren mit Franz Lachner und andern nach Grinzing zum ‹Heurigen› gewandert, welchem Schubert besonders zugetan war, so wenig ich dieser scharfen Säure Geschmack abzugewinnen wusste. Unter munteren Gesprächen sassen wir beim Weine, spazierten erst im Abenddunkel zurück; ich wollte gleich nach Hause, da ich damals in einer entlegenen Vorstadt wohnte, allein Schubert zog mich mit Gewalt ins Gasthaus, auch wurde mir das Kaffeehaus hinterher nicht geschenkt, mit welchem er den Abend, eigentlich die späte Nacht zu beschliessen gewohnt war. Es war bereits ein Uhr, und eine äusserst lebhafte musikalische Diskussion hatte sich beim heissen Punsche entsponnen. Schubert setzte Glas auf Glas und war in eine Art Begeisterung geraten, in welcher er, beredter als gewöhnlich, Lachner und mir alle seine Zukunftspläne auseinandersetzte. Da musste ein eigener Unstern ein paar ausübende Künstler, berühmte Orchester-Mitglieder des Operntheaters, ins Kaffeehaus führen. Beim Eintritt dieser Leute hielt Schubert mitten in seiner schwungvollen Rede inne; seine Stirn runzelte sich, seine grauen Äuglein glänzten wild unter den Augengläsern hervor, an denen er unruhig hin und her schob. Kaum hatten aber die Musiker den Meister erblickt, als sie eiligst auf ihn

Franz Lachner, Schubert und Eduard von Bauernfeld beim Heurigen in Grinzing.

zuliefen, seine Hände ergriffen, ihm tausend Schönes sagten, ihn mit Schmeicheleien beinahe erdrückten. Schliesslich kam heraus, dass sie eine neue Komposition für ihr Konzert sehnlichst wünschten, mit Solostellen für ihre besonderen Instrumente, Meister Schubert werde sich gewiss willfährig erweisen, usw.

Der Meister zeigte sich aber nicht weniger als willfährig, sondern schwieg. Auf wiederholtes Andringen sagte er kurzweg: ‹Nein! Für Euch schreib' ich nichts.›

‹Nichts für uns?› fragten die Männer betreten.

‹Nein! Durchaus nicht.›

‹Und warum nicht, Herr Schubert?› wurde in etwas gereiztem Tone erwidert. ‹Ich denke, wir sind Künstler so gut wie Sie! Man kennt in ganz Wien keine besseren.›

‹Künstler!› rief Schubert, trank hastig das letzte Glas Punsch aus und stand vom Tische auf. Dann schob der kleine Mann den Hut übers Ohr und stellte sich dem einen körperlich grossen und dem andern mehr korpulenten Virtuosen wie drohend entgegen. ‹Künstler?› wiederholte er, ‹Musikanten seid Ihr! Weiter nichts! Der eine beisst das Messingmundstück seines hölzernen Prügels, der andere bläst sich die Backen auf an seinem Waldhorn! Nennt ihr das Kunst? Ein Handwerk ist's, eine Fertigkeit, die Geld einbringt und damit holla! – Künstler ihr! Wisst ihr nicht, was der große Lessing sagt? – Wie kann einer sein ganzes Leben lang nichts tun, als in ein Holz mit Löchern beissen! – Das hat er gesagt – (zu mir gewandt) oder was Ähnliches! Gelt! (wieder zu den Virtuosen): Ihr wollt Künstler sein? Bläser und Fiedler seid ihr alle miteinander! Ich bin ein Künstler, ich! Ich bin Schubert, Franz Schubert, den alle Welt kennt und nennt! Der Grosses gemacht hat und Schönes, das ihr gar nicht begreift! Und der noch Schöneres machen wird – (zu Lachner): Gelt, Bruder, gelt? – das Allerschönste! Kantaten und Quartette, Opern und Sinfonien! Denn ich bin nicht bloss ein Ländler-Kompositeur, wie's in der dummen Zeitung steht, und wie's die dummen Menschen nachschwatzen - ich bin Schubert! Franz Schubert! dass ihr's wisst!›.»

Links: Franz Schubert 1825, Sepiazeichnung von Wilhelm August Rieder, nach dem Zeugnis vieler Freunde das ähnlichste Porträt des Komponisten.

SECHSTES KAPITEL

Der Schmerz als Gefährte

Meine Erzeugnisse sind durch den Verstand für Musik
und durch meinen Schmerz vorhanden;
jene, welche der Schmerz allein erzeugt hat,
scheinen am wenigsten die Welt zu erfreuen.

Schubert in einem Notizbuch 1824

«Verzeihen, dass ich schon wieder mit einem Schreiben lästig fallen muss, da meine Gesundheitsumstände mir noch immer nicht erlauben, ausser Haus zu gehen», diese Bemerkung Schuberts in einem Brief vom 28. Februar 1823 ist der erste Hinweis auf eine ernste Erkrankung. Über sie ist viel gerätselt worden, aber man kann, wiewohl verschiedene fachkundige Untersuchungen vorliegen, immer noch keine sichere Diagnose stellen. Die selbst von wohlmeinenden und zurückhaltenden Forschern übernommene Vermutung, es habe sich um ein venerisches Leiden gehandelt, läßt sich weder ganz bestreiten noch eindeutig nachweisen. Fest steht nur, daß die Krankheit, derentwegen er eine Zeitlang sogar im Allgemeinen Krankenhaus lag, zwar nicht unmittelbar mit seinem frühen Tod in Zusammenhang steht, Schubert aber in einer Zeit, da ihn Geldsorgen, Reibereien mit den Freunden und berufliche Mißhelligkeiten ohnehin bedrängten, noch zusätzlich niederdrückte. Es gibt einen ergreifenden Brief an Leopold Kupelwieser in Rom, der von dieser Qual spricht: «Ich fühle mich als den unglücklichsten, elendsten Menschen auf der Welt. Denk Dir einen Menschen, dessen Gesundheit nie mehr richtig werden will, u. der aus Verzweiflung darüber die Sache immer schlechter statt besser macht, denke Dir einen Menschen, sage ich, dessen glänzendste Hoffnungen zu Nichte geworden sind, dem das Glück der Liebe u. Freundschaft nichts biethen als höchstens Schmerz, dem Begeisterung (wenigstens anregende) für das Schöne zu schwinden droht, und frage Dich, ob das nicht ein elender, unglücklicher Mensch ist?»

Aus Berichten von Schwind an Schober wissen wir, daß eines der Krankheitszeichen ein Ausschlag war. Schubert mußte sich die Haare scheren lassen, und Schwind meldet: «Er trägt eine sehr gemütliche Perükke.» Am 13. Februar 1824 heißt es dann: «Schubert hält jetzt ein vierzehntägiges Fasten und Zuhausebleiben.» Eine Woche später: «Schubert ist sehr wohl, er hat seine Perücke abgelegt und zeigt einen niedlichen Schneckerlanflug. Von den Müllerliedern ist das erste Heft heraus.»

Damit ist der Liederzyklus «Die schöne Müllerin» (D 795) gemeint, auf dessen Textvorlage Schubert beim Konviktsgefährten Benedikt Randhartinger gestoßen war. «Kaum hatte er das Zimmer betreten», berichtet dieser, inzwischen Sekretär bei einem ungarischen Adeligen, «als ich zum Grafen beschieden wurde. Ich entfernte mich sofort, dem Tondichter bedeutend, dass ich binnen kurzem zurück sein werde. Franz trat an den Schreibtisch, fand da einen Band Gedichte liegen, von denen er das eine und andere durchlas, steckte das Buch zu sich und ging fort, ohne meine Rückkehr abzuwarten. Ich vermisste alsbald nach meiner Zurückkunft die Gedichtsammlung und begab mich des anderen Tages zu Schubert, um das Buch abzuholen. Franz entschuldigte seine eigenmächtige Handlung mit dem Interesse, welches ihm die Gedichte eingeflösst hätten, und zum Beweis, dass er das Buch nicht fruchtlos mit sich genommen habe, präsentierte er zu meinem Erstaunen die Komposition der ersten ‹Müllerlieder›, die er zum Teil in der Nachtzeit vollendet hatte.»

Die zwanzig Gedichte «aus den hinterlassenen Papieren eines reisenden Waldhornisten» fügen sich zu einer Geschichte von Hoffnung und Liebe, Enttäuschung und Tod. Die schöne Müllerin wird von dem Müllerburschen und dem Jäger umworben. Zuerst neigt sie sich jenem zu, schließlich aber siegt die «Grüne Farbe» des Nebenbuhlers. Verzweifelt stürzt sich der Verlassene in den rauschenden Bach, der ihn zum Glück hingeführt hat und in seinem Unglück jetzt wieder aufnimmt. Kunstvoll, aber ungekünstelt zeichnet Schubert die wechselnden Stimmungen nach – das Rieseln des Wassers, das Klappern des Mühlrads, den Schall des Jagdhorns. Sie bilden den Hintergrund für Szenen der Lyrik und der Leidenschaft, für Momente von schlichter Volkstümlichkeit und heftiger Dramatik. Aus Natur wird Kunst, aus Kunst Natürlichkeit. «Ich kann weder spielen noch singen», hatte der mit Schubert fast gleichaltrige Poet Wilhelm Müller aus Dessau gesagt, «und wenn ich dichte, so singe ich doch und spiele auch. Wenn ich die Weisen von mir geben könnte, so würden meine Lieder besser gefallen als jetzt. Aber getrost, es kann sich ja eine gleichgesinnte Seele finden, die die Weise aus den Worten herausholt und sie mir zurückgibt.»

Seine Hoffnung hat sich erfüllt, Schubert fand zu jedem Gedicht die einzig wahre Melodie, darunter so volkstümlich gewordene wie «Das Wandern ist

Blick auf die Eisenstadt Steyr an den Wassern der Enns mit ihren aneinandergedrängten Dächern und dahinter den Hügeln des Voralpenlands.

des Müllers Lust», «Wohin?» («Ich hört' ein Bächlein rauschen») und «Ungeduld» («Ich schnitt' es gern in alle Rinden ein»). Er vermochte so unterschiedliche Episoden wie das jubelnde «Mein!», das aufbrausende «Eifersucht und Stolz» und zum Schluß «Des Baches Wiegenlied», mit dem dieser den armen Müllerburschen sanft zu sich zurückruft und mit seinen Wogen zudeckt, jeweils entsprechend ihrer Besonderheit in Musik zu setzen und doch zu einem Ganzen zu fassen. Der Zyklus «Die schöne Müllerin» hat, wie es Achim von Arnim vom echten Volkslied verlangt, «im vieljährigen Fortrollen seine Demantfestigkeit bewährt».

Wie der Bursche aus seinen Müllerliedern, war auch Schubert selbst gern auf Wanderschaft unterwegs. Im Sommer 1823, nach dem ersten Krankheitsanfall, macht er sich mit Vogl zusammen wieder nach Oberösterreich auf. Sie besuchen Linz, wo sie im August zu Ehrenmitgliedern des Musikvereins ernannt werden, und natürlich auch wieder Steyr. Wegen des Leidens verläuft der Aufenthalt ruhiger als vor vier Jahren. «Ob ich je wieder ganz gesund werde, bezweifle ich fast. Ich lebe hier in jeder Hinsicht sehr einfach, gehe fleißig spazieren, schreibe viel an meiner Oper u. lese Walter Scott.»

Dennoch kam auch das Musizieren nicht zu kurz. «In Linz», erinnert sich Spaun, dem die beiden dort wieder begegnen, «musste einmal dem Konzert ein Ende gemacht werden, da nach dem Vortrage einiger wehmütiger Lieder der gesamte Frauen- und Mädchenkreis in Tränen schwamm, und auch die Männer die ihrigen kaum zurückhalten konnten.»

Im September kehrt Schubert nach Wien zurück, in ein Zimmer an der Stubenbastei auf dem Stadtwall mit einer schönen Aussicht übers grüne Glacis. Aber es hat sich manches geändert. Nachdem bereits Stadler nach Linz zurückgekehrt und Kupelwieser nach Italien gereist waren, zieht nun auch Schober weg, nach Breslau. «Vor allem», schreibt Schubert angesichts der zunehmenden Vereinsamung an letzteren, «muss ich Dir ein Lamento über den Zustand unserer Gesellschaft wie über alle übrigen Verhältnisse ankündigen. Als Ersatz für Dich u. Kupelwieser bekamen wir zwar 4 Individuen, doch die Mehrzahl solcher Individuen machen die Gesellschaft nur unbedeutender statt tüchtiger. Was soll uns eine Reihe von ganz gewöhnlichen Studenten u. Beamten? Stundenlang hört man nichts anderes als ewig von Reiten u. Fechten, von Pferden u. Hunden reden. Wenn es so fortgeht, so werd ichs vermuthlich nicht lange unter ihnen aushalten.»

Vor dem Schmerz des Alltags flüchtet sich Schubert auch jetzt wieder in die Musik. Für Flöte und Klavier schreibt er die nicht bloß, wie sie oberflächliche Spieler gern interpretieren, virtuosen, sondern auch tief persönlichen Variationen in e (D 802) über das Lied «Trockne Blumen» aus der «Schönen Müllerin» sowie das famose Oktett in F (D 803) für Klarinette, Fagott, Horn und fünf Streicher. Diesen sechs Sätzen, über denen das transparente Klangkolorit der Romantik schwebt, merkt man nichts von Vereinsamung und Leid an. Sie sind verklärte, frohgelaunte Gesellschaftsmusik im Geiste des unterhaltenden Divertimentos, voll Erfindungsreichtum und wienerischem Charme.

Auch das Streichquartett in a (D 804), ebenfalls im Frühjahr 1824 entstanden, lebt von Melodie und Klang, es ist, wie Schwind an Schober schreibt, «von der Art, dass einem Melodie bleibt wie von Liedern, ganz Empfindung». Der wehmütig-weiche erste Satz, das Andante mit dem bekannten Thema aus der Rosamunde-Musik, das graziös beschwingte Menuett, das Motivgewebe des Finales, sie gehören in ihrer Verbindung von Einfachheit und ausdrucksvoller Beseeltheit zum Meisterlichsten, was Schubert geschrieben hat.

«Seh' ich sie am Bache sitzen,
wenn sie Fliegennetze strickt.»

**«Eine Mühle seh' ich blinken
aus den Erlen heraus.»**

Schuberts Handschrift des Oktetts in F-Dur für zwei Violinen, Viola, Violoncello, Kontrabaß, Klarinette, Horn und Fagott, das er auf Bestellung von Ferdinand Graf Troyer schrieb.

Das erschütterndste Zeugnis jener schmerzensvollen Zeit aber ist das Streichquartett in d, «Der Tod und das Mädchen» (D 810). Der dunkle Gedanke an den Tod überschattet es, wir fühlen nach, was Schubert in jenen Krankheitstagen bewegt hat. Aber die leidvolle Erfahrung äußert sich nicht in chaotischer Zerrissenheit. Im Gegenteil: der Komponist faßt sie in feste Form. Der schicksalhaft elegische erste Satz, die instrumental kunstvoll entwickelten Variationen über das Lied, das dem Werk seinen Namen gegeben hat, das ernste Scherzo mit seiner angespannten Konzentration und das dämonisch dahinstürmende Presto: all das fügt sich zu einer idealen

Synthese von Eingebung und Ausführung, zu einem abgerundeten Ganzen, das für Spieler wie Zuhörer gleichermaßen anspruchsvoll und zutiefst beglückend ist.

Daß in beiden letztgenannten Werken ungarisch-slawische Motive aufklingen, mag Vorfreude gewesen sein auf die bevorstehende zweite Reise nach Zseliz. Ohne festes Einkommen, ohne Hilfe mehr von seiten finanzkräftiger Freunde, kam Schubert die Einladung des Grafen Esterházy nur allzu gelegen, den Sommer wieder als Musiklehrer auf seinem Landsitz in Ungarn zu verbringen. Am 25. Mai 1824 macht sich Schubert mit der ordinären Post dorthin auf den Weg.

Im Schloß wird ihm diesmal ein Gastzimmer am Korridor rund um den Hof zugewiesen, und bald fühlt er sich daheim unter alten Bekannten. Der

Carl Freiherr von Schönstein, den Schubert bei den Esterházys kennengelernt hatte und der einer seiner besten Interpreten wurde.

Ausklapptafel: Holzschnitte zu einer frühen Ausgabe des ersten großen Liederzyklus von Schubert, «Die schöne Müllerin».

«Wir schauten so traulich zusammen
hinab in den rieselnden Bach.»

**«Ich schnitt' es gern in alle Rinden ein:
Dein ist mein Herz und soll es ewig bleiben!»**

Inspektor hat auf der Laute nichts hinzugelernt, der Rentmeister ist etwas behäbiger geworden, und es freut Schubert besonders, daß der Freund und ausgezeichnete Sänger Karl von Schönstein, den er das letztemal hier kennengelernt hat, ebenfalls wieder als Gast im Schloß weilt.

«Freylich», schreibt er nach Hause, «ists nicht mehr jene glückliche Zeit, in der uns jeder Gegenstand mit einer jugendlichen Glorie umgeben scheint. Man glaubt an dem Orte, wo man einst glücklicher war, hänge das Glück, indem es doch nur in uns selbst ist.»

Trotzdem heitert es ihn auf, wenn die Mädchen in ihren bunten, kokett übereinander schwingenden Röcken und die Burschen in ihren weißen Pluderhosen am Sonntagnachmittag wie ehemals ihre fremdklingenden Lieder und Tänze zum besten geben. Dudelsackpfeifer und umherziehende Zigeuner spielen auf, Palotás und Czárdás erklingen. Der von kaum überstandenen Fiebern noch immer blasse und kränkliche Schubert hört zu, vergißt seine Sorgen und merkt sich aparte melodische Wendungen.

Sie tauchen in manchem Werk auf, das er dort schreibt. So im «Divertissement à l'hongroise» in g für Klavier zu vier Händen (D 818), in das er auf naturalistische Weise jene magyarischen Elemente packt, die ihm in Zseliz auf Schritt und Tritt begegnen: die Lieder der Magd in der Küche, die Gesänge der Schnitter auf dem Feld, das Ständchen am Abend. Dieses Werk eröffnet eine ganze Reihe östlich beeinflußter Klavierstücke, wie sie später Dvořák und Smetana, Liszt und Brahms komponieren sollten.

Schubert schrieb das Divertissement für Klavier zu vier Händen, weil für ihn diesmal das Zusammenspiel mit der Komtesse Karoline zu den schönsten Augenblicken in Zseliz gehörte. Das spröde Kind von ehedem ist zu einem liebenswerten Mädchen aufgeblüht mit feingeschnittenem Gesicht, gelockten Schläfenwellen und sanften, träumerischen Augen. Für die nun Neunzehnjährige, die so musikalisch ist und ausgezeichnet Klavier spielt, faßt der Einsame eine schwärmerische Zuneigung. Und dies, obwohl er sich keine Hoffnung machen kann, daß die Tochter aus fürstlichem Hause in ihm je mehr sehen wird als den armen Schlucker von Musikanten, den Krankheit und unregelmäßiges Leben gezeichnet haben. Oder erkennt sie dennoch das Einzigartige in ihrem Lehrer? Verschließt ihr vielleicht nur seine übergroße Scheu die Lippen? Eines Tages beklagt sie sich nämlich bei ihm, allen, aber auch allen habe er schon Kompositionen gewidmet, dem Grafen, der Mutter, dem Freiherrn von Schönstein, ihr aber nicht den kleinsten Ländler, von denen er doch siebzehn an einem Tag niederschreiben könnte. Röte schießt in sein Gesicht, rauh stößt er hervor: «Wozu denn? Ihnen ist ja ohnehin alles von mir gewidmet!»

Karoline Komtesse Esterházy, zu der Schubert zärtliche Zuneigung empfand.

Ach, der schüchterne Musikmeister muß sich wieder einmal in die Musik flüchten. Um der Angebeteten möglichst oft nahe zu sein, ihr die Hand führen zu dürfen, schreibt er weiter Stücke für Klavier zu vier Händen. So etwa die Sonate in C, das «Grand Duo» (D 812). Man liest immer wieder, bei Schubert sprenge der überquellende Inhalt die Form. Und sicherlich – er war kein Baumeister wie Beethoven, er wollte mit seiner Musik Seele und Sinne aufschließen. Daß seine Werke aber trotzdem von einem eigentümlichen Formwillen geprägt sind, läßt sich besonders an dieser Sonate erkennen: sie ist gleichsam ganz auf einem, dem ersten Thema aufgebaut, dem auch das zweite und die weiteren Motive in Rhythmus, Tonfolge und Aufbau ähnlich sind. Diese enge motivische Verzahnung gibt der Komposition ihre selbstverständliche Einheitlichkeit, bei all ihrer Gedankenfülle, die ein geradezu sinfonisches Ausmaß annimmt, wirkt sie nie konstruiert.

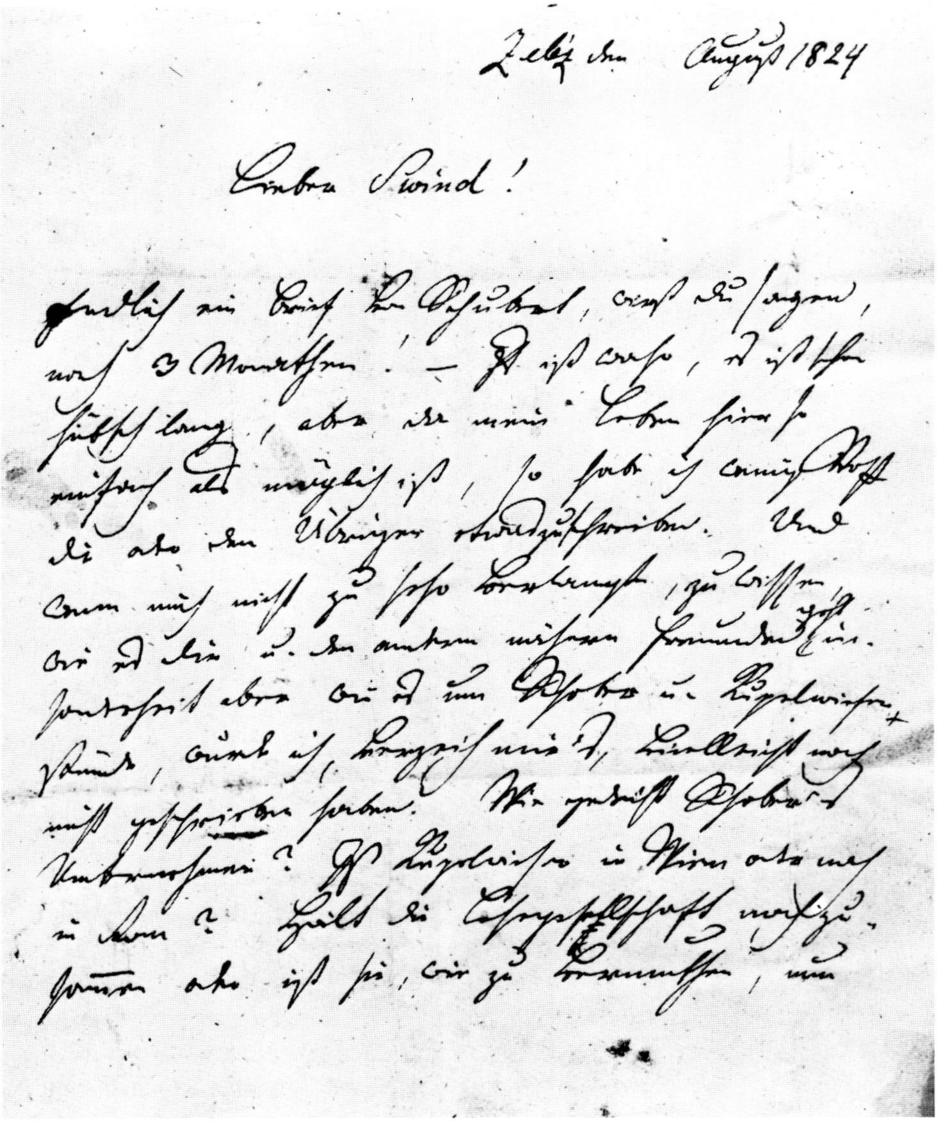

Zelész den August 1824

Lieber Swind!

Endlich ein Brief vom Schubert, wirst du sagen,
nach 3 Monathen! — Es ist wahr, es ist schon
hübsch lang, aber da mein Leben hier so
einfach als möglich ist, so habe ich wenig Stoff
dir oder den Übrigen etwas zu schreiben. Und
wenn mich nicht so sehr verlangt, zu wissen, wie
es dir u. den andern näheren Freunden be-
sonders aber wie es mit Schober u. Kupelwieser
steht, würde ich, begreiflicherweise, vielleicht noch
nicht geschrieben haben. Wie gedieh Schobers
Unternehmen? Ist Kupelwieser in Wien oder noch
in Rom? Hält die Gesellschaft noch zu-
sammen oder ist sie, wie zu vermuthen, nun

Brief Schuberts aus Zseliz an Moritz von Schwind, den er wohl zum Scherz mit «Swind» anredet.

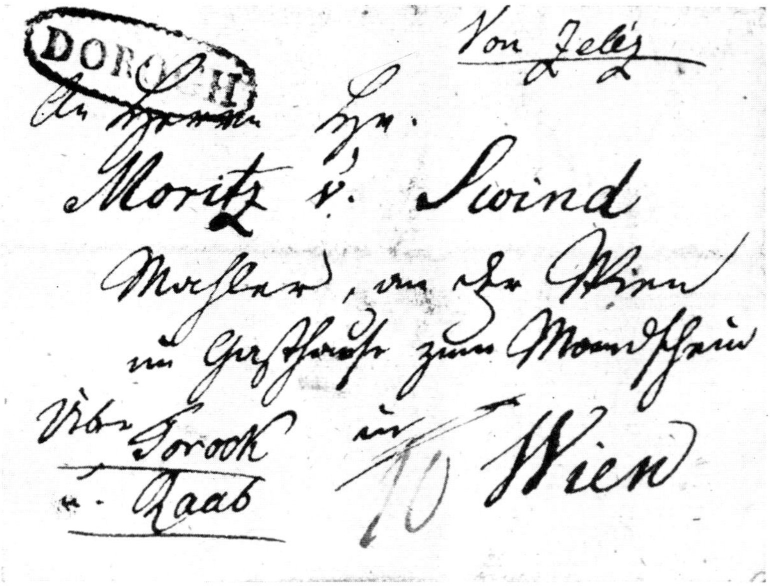

Umschlag des Briefes Schuberts an Moritz von Schwind (links) im «Mondscheinhaus» in Wien mit ungarischem Poststempel und Angabe des Postkurses von Zseliz nach Wien über Torock und Raab.

Dann die «Trois marches Héroïques» (D 602) und die «Six Grandes Marches» (D 819). Trotz ihrer pompösen Titel sind es keine martialischen Paradestücke, sondern fesche Begleitung zum farbenprächtigen Aufzug der Uniformen in den vielen Garnisonsstädtchen der weiten Donaumonarchie, statt schmetternder Trompeten hört man schmeichelnde Flöten und spritzige Tschinellen. Solche Marschmusik will beschwingen, nicht erobern.

Zum geselligen Teil einer gräflichen Hausreunion gehörte ebenfalls ein Tänzchen, und auch dafür schrieb Schubert, damit ihm die Komtesse nicht von seiner Seite entführt werden konnte, vierhändige Kompositionen: Ecossaisen (D 781, 816), zärtliche Ländler (D 814) und Deutsche (D 820). Er hatte es nicht nötig, wie seine Nachfolger auf diesem Gebiet das tänzerische Element zu stilisieren. Seine Tanzstücke sind gesunde Musik der Sinne, der Freundschaft und Geselligkeit.

Eines Morgens im September fordert die Gräfin beim Frühstück Schubert auf, ein Gedicht in Musik zu setzen, das sie kürzlich gelesen hat und das ihr gut gefiel. Es ist das «Gebet» des romantisch-phantastischen Dichters Fried-

Das Glacis vor der Karlskirche, unmittelbar links von ihr das Fruhwirth-Haus, in dem S

1826 wohnte, nahe bei dem «Mondscheinhaus» der Familie Schwind.

rich de la Motte Fouqué. Der Angesprochene lächelt in sich hinein und nimmt das Buch mit. Am gleichen Abend kann das fertige Gesangsstück (D 815) aus dem Manuskript geprobt werden. Der Graf selbst singt Baß, Schönstein Tenor, die Gräfin Alt und Karolines Schwester Marie Sopran. «War schon die Freude und das Entzücken über das herrliche Werk des Meisters bereits an jenem Abend groß, so steigerten sich diese Gefühle am andern Abend noch mehr, als man mit grösserer Assurence und Sicherheit aus den nun von Schubert selbst herausgeschriebenen Stimmpartien dies herrliche Gesangsstück vortragen konnte und das Ganze dadurch an Verständlichkeit gewann. Wer dieses Opus und den nicht eben kleinen Umfang desselben kennt, wird begreiflicherweise an der Wahrheit des Gesagten zweifeln wollen, wenn er sich obendrein sagt, dass Schubert dieses Werk in kaum 10 Stunden geliefert hat», erinnert sich Schönstein.

Alle Ablenkung jedoch vermag Schubert nicht über das Gefühl der Vereinsamung hinwegzuhelfen. «Nun sitz ich allein hier im tiefen Ungarlande in das ich mich leider zum 2ten Mahle locken liess, ohne auch nur einen Menschen zu haben, mit dem ich ein gescheidtes Wort reden könnte», klagt er in einem Brief an den fernen Schober. Als sich ihm die Gelegenheit bietet, vorzeitig mit Schönstein zurückzukehren, greift er deshalb zu, denn er verspürt «trotz des anziehenden bewussten Sternes eine verfluchte Sehnsucht nach Wien».

Am 20. Oktober meldet Schönstein der gräflichen Familie die gute Heimkunft: «Den grössten Teil unserer Fahrt hindurch wiegte uns Morpheus in einen wohltätigen Schlummer, der am ersten Abend nur durch die Finsternis, in die wir geraten, und somit durch die stete Angst vor dem Umwerfen gestört wurde. Wir sind am ersten Tage bis Dioszeg gekommen. Da wir bisher grösstenteils mit geschlossenen Augen fuhren, folglich das Bedürfnis des Schlafens noch nicht so sehr fühlten, so wurde der Abend zu einer Partie Tarteln und Mariage benützt. Wir brachen am 2te Tage zeitlich auf und waren um 10 Uhr in Pressburg, wo ich mich nur so lange aufhielt, bis umgespannt wurde. Der Kutscher fuhr demnach so vortrefflich, dass wir um 4 Uhr nachmittags schon innerhalb der großen Residenzstadt waren. – Ich habe bald vergessen, Dir zu sagen, dass wir am 2te Tag unserer Karawane die schrecklichste Kälte auszustehen hatten. Zum Überfluss hat mir Schubert in seinem Phlegma das am Rückteil des Wagens angebrachte Fenster schon gleich hinter Dioszeg zerschlagen, wodurch der grässlichste aller kalten Winde freies Spiel um unsere Ohren bekam.»

Nach dem geliebten Wien zurückgekehrt, hebt sich des Meisters Laune zusehends: «Schubert ist hier», meldet Schwind, «gesund und himmlisch leichtsinnig, neu verjüngt durch Wonne und Schmerzen und heiteres Leben.» Vorerst bezieht er wieder sein Zimmer im Elternhaus in der Rossau, das nach der Schilderung eines Besuchers «eher der Werkstätte eines Arbeitsmannes als dem Studierzimmer eines Komponisten gleich sah, worin ich nur ein mit Notenheften vollgepfropftes Klavier bemerkte, Saiteninstrumente, Pulte, die notwendigen Tische und Stühle in Unordnung umherstanden, sonst aber keine Spur von Bequemlichkeit sich zeigte». Im Frühjahr 1825 dann mietet er sich wieder in der Nähe der Freunde ein, im Hause des Johann Fruhwirth neben dem mächtigen Kuppelbau der Karlskirche und dem Schwindschen «Mondscheinhaus» mit seinen Fliederlauben und Holundergebüschen. Von da aus ist man bald in der Inneren Stadt und hat eine prächtige Sicht auf die Ausläufer der Alpen von Sievering bis zu dem gegen die Donau abfallenden Leopoldsberg.

«Er wohnt seit kurzem in dem Haus neben uns, im zweiten Stock, in einem sehr hübschen Zimmer», läßt Schwind Schober wissen. «Wir sehen

Ecke in Schuberts Zimmer an der Inneren Stadt Nr. 350, heute Wipplingerstraße.

Blick vom Fruhwirth-Haus über die Promenade des Glacis gegen die Altstadt mit ihren

·men, links die beherrschende Kuppel der Karlskirche.

Franz Lachner kam 1823 als Organist nach Wien und gehörte bald zum engsten Freundeskreis Schuberts.

uns täglich, und, so ich kann, teile ich sein ganzes Leben mit ihm. Es ist alle Wochen bei Enderes Schubertiad.»

Ein Hauch der alten Unbeschwertheit liegt über diesen Tagen, sie verstreichen zwischen Arbeit und Geselligkeit, neue Freunde finden sich. Zu ihnen gehört Franz Lachner aus München, der als Organist an die evangelische Kirche in Wien gewählt worden ist. In seinen Erinnerungen berichtet er von den ersten Begegnungen mit Schubert: «Meinen Mittagstisch nahm ich in der Regel im ‹Haidvogel›, einem damals sehr bekannten Speisehause am Stefansplatz. Dort fand sich auch häufig ein junger Mann von ungewöhnlichem Äusseren, anscheinend einige Jahre älter als ich, ein. Sein Wesen hatte etwas Eigentümliches. Allmählich vermittelte das tägliche Zusammentreffen und der Umstand, dass ich in einem Konzert an die Seite dieses jungen Mannes zu sitzen kam und mich seine Äusserungen über die musikalischen Vorträge anzogen, unsere Bekanntschaft. Hieraus entstand bei sich offenbarender Gleichheit unserer Interessen und Bestrebungen nach und nach ein ununterbrochener, fast täglicher Verkehr und herzliche Freundschaft.»

Ein weiterer Neuer im Bunde war Eduard von Bauernfeld, Schulfreund Schwinds und zu jener Zeit noch Student an der Wiener Universität. Der spätere Hausdichter des Burgtheaters hat uns manches Stimmungsbild vom Leben der Freunde hinterlassen:

«Wie oft strichen wir drei bis gegen Morgen herum, begleiteten uns gegenseitig nach Hause – da man aber nicht imstande war, sich zu trennen, so wurde nicht selten bei diesem oder jenem gemeinschaftlich übernachtet. Mit dem Komfort nahmen wir's dabei nicht sonderlich genau! Freund Moritz warf sich wohl gelegentlich, bloss in eine lederne Decke gehüllt, auf den nackten Fußboden hin, und mir schnitzte er einmal Schuberts Augengläserfutteral als Pfeife zurecht, die eben fehlte. In der Frage des Eigentums war die kommunistische Anschauungsweise vorherrschend; Hüte, Stiefel, Halsbinden, auch Röcke und sonst noch eine gewisse Gattung Kleidungsstücke, wenn sie sich nur beiläufig anpassen liessen, waren Gemeingut, gingen aber nach und nach durch vielfältigen Gebrauch, wodurch immer eine gewisse Vorliebe für den Gegenstand entsteht, in unbestrittenen Privatbesitz über. Wer eben bei Kasse war, zahlte für den oder die anderen. Nun traf sich's aber zeitweilig, daß zwei kein Geld hatten und der dritte – gar keins!» In solcher Lage, auch das berichtet Bauernfeld, tranken sie sich das «Du» mit – Zuckerwasser zu!

Schubert, Schwind und Vogl singen vor einem Neubau ein Ständchen.

In den Heurigenschenken saßen, wenn «das Kranzl ausgsteckt» war, die Gäste an blanken Holztischen und tranken aus Krügen den jungen Wein.

Eduard von Bauernfeld, beliebter Lustspieldichter, dem wir viele Mitteilungen über den Schubertkreis verdanken.

Die klatschhafte Nachrede will, Schubert habe nur allzugern etwas über den Durst getrunken, und mancher Bericht über Wirtshaus- und Heurigeneskapaden legt einen solchen Verdacht sogar nahe. Gewiß war er kein Verächter eines guten Tropfens, aber seine Freunde gaben ihm den Spitznamen «Schwammerl» nicht wegen des Wiener Ausdrucks «Schwammer» für Rausch, sondern seiner rundlichen Figur wegen. Spaun hat recht: «Wenn man bedenkt, wie er täglich, vom frühen Morgen bis zu Mittag um zwei Uhr, mit dem glühendsten Eifer und bis zur Erschöpfung komponierte, so wird man es begreiflich finden und wohl für verzeihlich erkennen, dass er nach weiten Spaziergängen, ermattet von der Hitze des Tages, ein Glas Wein oder Bier geliebt habe. Von einer Unmässigkeit war aber keine Spur an ihm.»

Und er war wieder von unermüdlichem Schaffensdrang beseelt in jenen Tagen. «Stets fand ich ihn inmitten seiner Kompositionen, schreibend, singend, spielend», berichtet der bereits zitierte Besucher der Rossau. «Eine ununterbrochene Tätigkeit, ein Schaffensdrang, der nie, weder geistige noch körperliche, Erschöpfung spüren liess, war die Signatur seines Lebens.»

Es entstehen wieder Lieder. «Die junge Nonne» (D 828) etwa, nach einem Gedicht Jakob Nikolaus Craighers: ein Mädchen flüchtet sich vom treulosen Liebhaber ins Kloster zum himmlischen Bräutigam, draußen tobt der Sturm, Glockengeläut weht unheimlich herein – eine packende Szene, welche die Mär von der undramatischen Ader Schuberts Lügen straft.

Franz von Schlechtas trotziges Gedicht «Des Sängers Habe» (D 832) drückt in Versen aus, wie es in Schuberts Herz aussieht:

> «Schlagt mein ganzes Glück in Splitter,
> Nehmt mir alle Habe gleich,
> Lasset mir nur meine Zither,
> Und ich bleibe froh und reich.»

Auch die Lektüre von Sir Walter Scotts «The Lady of the Lake» trägt Frucht. Von dieser Versromanze aus der Phantasiewelt der Helden und ihrer Abenteuer vor der Kulisse der schottischen Landschaft kleidet Schubert sieben Gedichte in Klang und Ton (D 835–839, 843, 846): «Bootgesang» für Männerquartett, den Totengesang «Coronach» für Frauenchor, die drei Gesänge Ellens («Raste Krieger, Krieg ist aus», «Jäger, ruhe von der Jagd», und «Hymne an die Jungfrau» – das berühmte «Ave Maria», Musik gewordenes Gebet) sowie das «Lied des gefangenen Jägers» und «Normans Gesang».

Wieder einmal läßt Schubert ein Werk unvollendet liegen: die Sonate in C für Klavier (D 840), die später den Beinamen «Reliquie» erhielt. Nach dem weit ausholenden, von kühnen Modulationen bestimmten ersten Satz folgt ein an Erfindung und Empfindung gleichermaßen reiches Andante. Das Menuett aber und das Finale brechen während der Niederschrift ab. Die fragmentarischen Skizzen zeigen, daß der Komponist ins Leichtgewichtige abglitt und gespürt haben muß, wie ihm zu jenem Zeitpunkt die Kraft der Erfindung fehlte, das Stück zu einem guten Ende zu führen. Auch andere Tonkünstler, Beethoven, Wagner, Verdi, kannten solche Schaffenskrisen. Während sie jedoch das Begonnene im Vertrauen auf einen späteren günstigen Augenblick beiseite legten, brachte Schubert diese Geduld nicht auf: zu übermächtig war in ihm der schöpferische Drang, ständig wandte er sich neuen Arbeiten zu; was er einmal liegen ließ, interessierte ihn bald nicht

Rechts: Franz Schubert (ohne Brille), um 1827 vermutlich von Willibrord Josef Mähler gemalt.

mehr. Wenn der Schwung jedoch durchhielt, brachte er großräumige, in sich geschlossene Meisterwerke hervor.

Ein solches ist die Sonate in a (D 845), der man nun keinerlei Unsicherheit mehr anmerkt. In unnachahmlicher Weise wird das zweiteilige Thema des ersten Satzes hin- und hergewendet von männlichem Ernst zu traumhafter Grazie, alle seine Schönheiten kommen vollendet zur Geltung. Das Andante ist ein meisterlicher Variationensatz, und das geistvoll sprühende Scherzo leitet zum Rondo über, das die Komposition mit pulsierender Verve abschließt. Erstaunlich einsichtsvoll urteilt 1826 ein Rezensent nach ihrem ersten Erscheinen in der Leipziger «Allgemeinen Musikalischen Zeitung», sie könne «nur mit den grössten und freiesten Sonaten Beethovens verglichen werden».

Aussicht von der Gaststätte Jägermayr auf die im Grünen gelegene Stadt Linz.

Für das Arpeggione, eine eben erst erfundene Streichgitarre, schrieb Schubert eine gefällige, dankbare Sonate in a (D 821), die man heute, da dieses Instrument sich nicht durchzusetzen vermochte, meist auf der Viola oder dem Violoncell hört.

Erneut bot sich Schubert die Gelegenheit zu einer kleineren Reise: Im Frühsommer 1825 folgte er Vogl, der ihn zu sich nach Oberösterreich eingeladen hatte. Vorher aber entwarf er noch ein Widmungsschreiben an Goethe, dem er eine Prachtausgabe der Lieder «An Schwager Kronos», «An Mignon» und «Ganymed» nach Weimar senden ließ. «Wenn es mir gelingen sollte», schrieb er an den bewunderten Dichter, «durch die Widmung dieser Composition Ihrer Gedichte meine unbegränzte Verehrung gegen E. Exzellenz an den Tag legen zu können, und vielleicht einige Beachtung für meine Unbedeutenheit zu gewinnen, so würde ich den günstigen Erfolg dieses Wunsches als das schönste Ereignis meines Lebens preisen . . .» Auch wenn man der Exzellenz für ihr neuerliches Schweigen einiges Verständnis entgegenbringt, wird man bedauern, daß diese beiden elementaren Geister nie anders als in ihren Werken zusammenkamen. Das Verschmelzen von Poesie und Musik nämlich, die Erweiterung des Wortbereichs, die Schubert durch seine Vertonung von Goethes Lyrik gelang, ist einer der großen Augenblicke in der Geschichte beider Künste.

An einem frischen Maimorgen geht es also durchs Tor hinaus, und je weiter man Lärm und Staub der Stadt hinter sich läßt, desto kleiner werden die Sorgen.

Einige Tage bleiben die beiden wieder in Steyr, dann fahren sie weiter nach Linz, wo sie Spaun anzutreffen hoffen. Der aber ist gerade als Zollassessor nach Lemberg versetzt worden. Schubert kann ihm nur einen enttäuschten Brief nachschicken: «Da sitz ich in Linz, schwitze mich halbtodt in dieser schändlichen Hitz, habe ein ganzes Heft neuer Lieder, u. Du bist nicht da! Schämst Dich nicht? Linz ist ohne Dich wie ein Leib ohne Seele oder wie ein Reiter ohne Kopf wie eine Suppe ohne Salz. Wenn nicht der Jägermeyr ein so gutes Bier hätte, u. auf dem Schlossberg ein passabler Wein zu haben wäre, so müsste ich mich auf der Promenade aufhängen, mit der Überschrift: Aus Schmerz über die entflohene Linzer-Seele.»

Von Linz aus macht Schubert einen Ausflug zum ehrwürdigen Chorherrenstift St. Florian, auf dessen mächtiger Orgel mit ihren 5230 Pfeifen schon Michael Haydn und Mozart gespielt hatten und an der sich später Anton Bruckner «wie ein Fürst» fühlen sollte. Es waren wieder selige Tage des Umherschweifens, «wie die Ministrels in den Zeiten der Ritterschaft zogen sie durch die lachenden Gegenden und sangen in den Häusern und zu den

Blick auf Gmunden am Traunsee und die hoch aufragende Silhouette des Traunsteins an seinem Ostufer.

Herzen liederlustiger Menschen», berichtet Bauernfeld mit romantischer Überschwenglichkeit.

Einige Wochen verbringen sie in Gmunden am Ufer des Traunsees, wo graue Berge ins blaue Wasser stürzen und Schubert den «starrenden Fels» und den «brausenden Wald» seiner Lieder wiedererkennt. Sie wohnen dort nahe dem Landesteg beim musikliebenden Kaufmann Ferdinand Traweger, dessen damals vierjähriger Sohn Eduard sich später an den Besuch erinnerte: «Kaum als ich früh erwachte, sprang ich noch im Hemde zu Schubert. Im Schlafrocke, mit der langen Pfeife, nahm er mich auf seine Knie, rauchte mich an, setzte mir seine Augengläser auf, rieb mir den Bart ein, liess mich in seinem Lockenkopfe herumwühlen und war so lieb, dass auch wir Kinder ohne ihn nicht sein konnten. Die Herren waren immer sehr gemütlich und heiter, sie machten Land- und Segelpartien.»

Im September begleitet Schubert den «k. k. pens. Hofschauspieler» Vogl zu einer Kur nach Badgastein. Aus seiner Schilderung dieser Reise für den Bruder Ferdinand spricht eine so plastische, für das erwachende Naturverständnis des frühen 19. Jahrhunderts bezeichnende Erfassung des Landschaftsbildes, daß wir ihm, gekürzt zwar, das Wort geben wollen.

Über Vöcklabruck, Strasswalchen und Frankenmarkt kommen sie nach Neumarkt. «Diese Örter, welche schon im Salzburgischen liegen, zeichnen sich durch eine besondere Bauart der Häuser aus. Alles ist beinahe von Holz. Das hölzerne Küchengeschirr steht auf hölzernen Stellen, die aussen an den Häusern angebracht sind, um welche hölzerne Gänge herumlaufen. Von Neumarkt, welches die letzte Post vor Salzburg ist, sieht man schon Bergesspitzen aus dem Salzburger Thal herausschauen, die eben mit Schnee bedeckt waren. Der Waller-See, welcher rechts von der Strasse sein helles blaugrünes Wasser ausbreitet, belebt diese anmuthige Gegend auf das herrlichste. Das weite Thal, welches mit einzelnen Schlössern, Kirchen und Bauernhöfen wie angesäet ist, wird dem entzückten Auge immer sichtbarer. Thürme und Paläste zeigen sich nach und nach; man fährt endlich an dem Kapuzinerberge vorbei, dessen ungeheure Felswand hart an der Strasse senkrecht in die Höhe ragt und fürchterlich auf den Wanderer herabblickt. Und nun geht es durch einige herrliche Alleen in die Stadt selbst hinein. Festungswerke aus lauter Quadersteinen umgeben diesen so berühmten Sitz der ehemaligen Churfürsten. Die Thore der Stadt verkünden mit ihren Inschriften die verschwundene Macht des Pfaffenthums. Lauter Häuser von 4 bis 5 Stockwerken erfüllen die ziemlich breiten Gassen und an dem wunderlich verzierten Hause des Theophrastus Paracelsus vorbei geht es über die Brücke der Salzach, die trüb und dunkel mächtig vorüberbraust. Die Stadt selbst machte einen etwas düstern Eindruck auf mich, indem ein trübes Wetter die alten Gebäude noch mehr verfinsterte, und überdies die Festung, die auf dem höchsten Gipfel des Mönchberges liegt, in alle Gassen der Stadt ihren Geistergruss herabwinkt.»

Nach zwei, drei Tagen in Salzburg geht die Reise weiter. «Wir fuhren durch das Thal, wie durch's Elysium, welches aber vor jenem Paradies noch das voraus hat, dass wir in einer scharmanten Kutsche sassen, welche Bequemlichkeit Adam und Eva nicht hatten. Statt den wilden Thieren begegneten uns manche allerliebste Mädchen. Nach einigen Stunden gelangten wir in die zwar merkwürdige, aber äusserst schmutzige und grausliche Stadt Hallein. Den Salzberg sammt den Salzbergwerken anzusehen, war Vogl nicht zu bewegen, dessen grosse Seele, angetrieben durch seine Gicht, nach Gastein strebte, wie in finsterer Nacht der Wanderer nach einem lichten Punct. Wir fuhren also weiter über Golling, wo sich schon die ersten hohen, unübersteigbaren Berge zeigten, durch deren fürchterliche Schluchten der Pass Lueg führt. Nachdem wir dann über einen grossen Berg langsam hinaufkrallten, vor unserer Nase, so wie zu den beiden Seiten schreckliche Berge, so dass man glauben könnte, die Welt sei hier mit Brettern vernagelt, so sieht man plötzlich, indem der höchste Punct des Berges erreicht ist, in eine entsetzliche Schlucht hinab, und es droht einem im ersten Augenblicke einigermassen das Herz zu schüttern. In dieser schreckenvollen Natur hat auch der Mensch seine noch schreckenvollere Bestialität zu verewigen gesucht. Denn hier war es, wo auf der einen Seite die Baiern, und die Tyroler auf der anderen Seite der Salzach, die sich tief, tief unten brausend den Weg bahnt, jenes grauenvolle Morden vollbrachten, indem die Tyroler, in den Felsenhöhen verborgen, auf die Baiern, welche den Pass gewinnen wollten, mit höllischem Lustgeschrei herabfeuerten, welche getroffen in die Tiefe herabstürzten, ohne je sehen zu können, woher die Schüsse kamen. Dieses höchst schändliche Beginnen, welches mehre Tage und Wochen fortgesetzt wurde, suchte man durch eine Capelle auf der Baiern Seite und durch ein rohes Kreuz in dem Felsen auf der Tyroler Seite zum Theil zu bezeichnen, und zum Theil durch solche heilige Zeichen zu sühnen. Du herrlicher Christus, zu wie viel Schandthaten musst du dein Bild herleihen. Du selbst das grässlichste Denkmal der menschlichen Verworfenheit, da stellen sie dein Bild auf, als wollten sie sagen: Seht! die vollendetste Schöpfung des grossen Gottes haben wir mit frechen Füßen zertreten, sollte es uns etwa Mühe kosten, das übrige Ungeziefer, genannt Menschen, mit leichtem Herzen zu vernichten? – Doch wenden wir unsere Augen ab von so niederschlagenden Betrachtungen und schauen wir lieber, dass wir aus diesem Loch hinauskommen ... Himmel, Teufel, das ist etwas Erschreckliches, eine Reisebeschreibung, ich kann nicht mehr ...»

In Badgastein zu Füßen des Graukogels, einem damals noch unscheinbaren Dörfchen, das aber schon ein Lieblingsort des Adels der k. k. Monarchie war, verbringen sie drei Wochen. Während Vogl kurt, komponiert Schubert.

Er arbeitet, wie man heute annimmt, an der Sinfonie in C (D 944), die erst 1825 beendet und neben einer abermals unfertigen Skizze (D 936 A) seine letzte sein wird. Die Sonate in D für Klavier (D 850) dagegen ist in jeder Hinsicht vollendet. Spielfreudig spiegelt sie die Hochstimmung jener Ferientage wider, frisch und männlich, rhythmisch bewegt schwelgt die Musik in wiedererlangtem Lebensgefühl. Ohne Zweifel ist sie eines von Schuberts beglückendsten, reifsten Klavierwerken.

Der Weg am Ufer der reißend dahinfließenden Salzach entlang zwischen schroff abfallenden Berghängen zum wildromantischen Paß Lueg.

Badgastein im Tal der Gasteiner Ache zu beiden Seiten wilder Wasserfälle.

Unter den Kurgästen befindet sich auch der Geistliche Johann Ladislaus Pyrker, den die Freunde fünf Jahre zuvor, ehe er zum Patriarchen von Venedig ernannt wurde, in Wien kennengelernt haben und dem Schubert den «Wanderer» widmete – «ich bin stolz darauf», hatte der kunstliebende Kirchenmann ihm darauf geantwortet, «mit Ihnen ein und demselben Vaterlande anzugehören». Mit zwei gemeinsamen Liedern – Pyrker dilettiert als Dichter – nutzen sie das Zusammensein, mit «Heimweh» (D 851), das auf einen Schweizerreigen anspielt und dessen schwere Hexameter Schubert meisterhaft flüssig in Musik auflöst, und mit dem oratorisch erhabenen Gesang «Allmacht» (D 852).

Im September geht es über Gmunden und Steyr nach Linz zurück. Von dort aus reist Vogl für ein halbes Jahr weiter nach Italien. Schubert aber hält es nicht länger, er will zurück nach Wien. Anfang Oktober fährt er mit Josef von Gahy, den er in der oberösterreichischen Hauptstadt getroffen hatte, im gemieteten Einspänner in drei Tagen heim. «Schubert ist zurück», vermerkt Bauernfeld in seinem Tagebuch. «Gast- und Kaffeehaus-Leben mit den Freunden, häufig bis zwei, drei Uhr morgens.»

SIEBENTES KAPITEL

Frühe Vollendung

Als wenn das Sterben das Schlimmste wäre,
was uns Menschen begegnen könnte.

Schubert an seine Eltern, Juli 1825

An einem jener goldenen Wiener Sommerabende, da die Sonne noch warm über den dampfenden Dächern der Stadt untergeht und die Menschen aus der Hitze der Innenstadt herauslockt in die frische grüne Umgebung, da jung und alt hinauszieht durch die Tore und über die Brücken, um sich draußen vom Tagewerk zu erholen, geht auch Franz Schubert ins nahe Mondscheinhaus hinüber, seinen Freund Moritz von Schwind zu einem

Josef Lanner, mitreißender Tanzgeiger und einer der Schöpfer des Wiener Walzers.

Spaziergang abzuholen. Der steht vor seiner Staffelei und will, solange das Licht noch scheint, mit einer angefangenen Farbe fertigmalen. Um den Freund hinzuhalten, zieht er in einem Oktavheft rasch ein paar Male fünf Linien. Und er verrechnet sich nicht: kaum hat Schubert die Blätter in der Hand, als er auch schon - wie spielerisch und doch einem unwiderstehlichen Drange folgend - Notenköpfe hineinzusetzen beginnt. So arbeitet jeder eine Viertelstunde lang still vor sich hin. Als dann jedoch auch die Freunde Lachner und Bauernfeld anklopfen, ist es mit der Ruhe endgültig vorbei, und man bummelt miteinander in den Feierabend hinaus. Aufgeräumt phantasiert der angehende Schriftsteller Bauernfeld von seinen Hoffnungen und Plänen. «Mit dir geht's vorwärts!» sagt Schubert melancholisch. «Ich sehe dich schon als Hofrat und als berühmten Lustspieldichter! Aber ich! Was wird mit mir armem Musikanten? Ich werde wohl im Alter wie Goethes Harfner an die Türen schleichen und um Brot betteln müssen!»

Um ihn etwas aufzuheitern und auf andere Gedanken zu bringen, kehren sie im Wirtshaus «Zum Rebhuhn» auf der Wieden ein. Sie finden kaum Platz, denn Wien hat eine neue musikalische Sensation, zu der alles in Scharen strömt: Josef Lanner und sein Quintett, in dem auch ein junger Musikant namens Johann Strauß sitzt. Verzückt lauschen die Zuhörer den neuartigen Walzern, den Ländlern, Polkas und Opernpotpourris. «Die Füsse hüpfen, während sich eine leise Träne in das Auge drängt», heißt es in einem zeitgenössischen Bericht. Als der blonde Primarius Franz Schubert unter den Gästen erblickt, läßt er Melodien aus der «Zauberharfe» spielen. Während dann die Mitglieder der Kapelle mit dem Zinnteller einsammeln gehen, stellt Schubert dem Geiger seinen Freund Franz Lachner vor. «Ja, ja», sagt Lanner, «in die Franzl'n steckt was B'sonderes, die muss man zum Fressen gern hab'n!»

Die Anerkennung, die Schubert jetzt ganz allgemein in Musiker- und Künstlerkreisen genießt, tut ihm wohl, und bereits freut er sich wieder auf die vielen Schubertiaden den Winter hindurch, wo er den staunenden Freunden Einblick in sein Schaffen geben kann. Kupelwieser und Schober sind zurück, und mit ihnen zusammen wird im Januar 1826 ein «Würstelball» veranstaltet, ein genügsames, aber fröhliches Fest: ein Zimmer wird ausgeräumt, als Imbiß gibt es Würstel und Bier, und zum Tanz spielt der Schubertl auf - was will man mehr? Wenn ihm eine der improvisierten Melodien gefällt, wiederholt er sie auf der Stelle, um sie sich einzuprägen und daheim aufschreiben zu können. So entstehen die «Valses nobles», aber auch Ländler, Deutsche, Ecossaisen und Cotillons (D 969 bis 980). Schubert, Lanner, Strauß - in diesen drei Namen verkörpert sich die Geburt des

Wiener Walzers, jenes Tanzes, der nicht mehr nur Werbung, sondern Begegnung ist, vor allem aber rauschhafte Bewegung unendlich im Kreis.

Im Mai 1825 war der k. k. Hofkapellmeister Antonio Salieri im Alter von fünfundsiebzig Jahren gestorben; Nachfolger wurde sein Stellvertreter Josef Eybler. Um die damit freigewordene Stelle des Vizekapellmeisters bewarben sich verschiedene Kandidaten guten Namens, neben Gyrowetz, Kreutzer und dem Freund Hüttenbrenner auch Franz Schubert, aber keinem von ihnen wurde das Amt zugesprochen. «Ungeachtet der hier eintretenden mehrfältigen Verdienste der hier vorkommenden Bittwerber», meldete Musikgraf Harrach dem Obersthofmeister Fürst Trauttmansdorff, «bin ich meines Orts dennoch der unvorgreiflichen Meinung, dass bei den gegenwärtigen Zeitverhältnissen vorzüglich auch die Schonung des allerhöchsten Ärars beachtet werden müsse.» Auch am Hofe mußte gespart werden, und so erhielt Josef Weigl, der als gewesener Hoftheaterkapellmeister schon eine Pension bezog, den Posten. «Da ein so würdiger Mann es geworden ist, so muss ich mich wohl zufrieden geben», meinte Schubert, und man wird den Verdacht nicht los, daß er sogar ein wenig erleichtert war. Schon kurz zuvor, noch in Badgastein, hatten ihn die Freunde zu überreden versucht, sich um die Nachfolge des schwer erkrankten zweiten Hoforganisten zu kümmern: «Worschizek geht auf den letzten Füssen, und der Hoforganismus will ernstlich betrieben sein», hatte ihm Schwind zugeredet. «Es wird, soviel ich erfahren kann, auf ein Georgel über ein gegebenes Thema ankommen, um ein gemachter Mann zu sein. In Gmunden wird Dir doch eine Orgel zu Gebot stehen, um Dich zu üben?»

Schubert ließ sich zu dem Georgel nicht herbei, und auch später, als sich nochmals die Gelegenheit zu einer festen Anstellung bot – es scheint, daß ihm der Posten eines Vizekapellmeisters am Kärntnertortheater in Aussicht gestellt wurde –, machte er nur halbherzig mit. «Allein», stellt Spaun fest, «auch dazu hatte er keine Lust, und ganz richtig sagte er, er passe nicht dazu.»

Das ist eine durchaus zutreffende Bemerkung: Schubert hatte den Entscheid zwischen Berufung und Beruf schon lange gefällt, und er ist seinen Weg als armer, aber freier Künstler nicht etwa harmlos unbekümmert, sondern in voller sittlich-geistiger Verantwortung, jedoch ohne jedes Pathos bis zum bittern Ende gegangen. Man muß immer wieder davor warnen, Schubert bloß als einen genialischen Musikanten sehen zu wollen, dem die Melodien nur so aus dem Herzen flossen, – er war ein genialer Künstler, der sich als Wanderer zwischen den Zeiten verzehrte. «Wie er von der Kunst sprach, von Poesie, von seiner Jugend, von Freunden und andern bedeutenden Menschen, vom Verhältnis des Ideals zum Leben», schreibt Spauns Schwager Ottenwald. «Ich musste immer mehr erstaunen über diesen Geist, dem man nachsagte, seine Kunstleistung sei so unbewusst, ihm selbst oft kaum offenbar und verständlich.»

So ist auch in Schuberts Liedern ein souveräner Schöpferwille am Werk, der in die kleine Form mehr und Bedeutenderes einschließt als manch anderer in ein langatmiges Opus. Nochmals setzt er sich in dieser Zeit mit den Gesängen aus Goethes «Wilhelm Meister» (D 877) auseinander, und diesmal erfaßt er den Gehalt der Mignon-Lieder noch kongenialer, noch intensiver als früher.

Auch in den mehrstimmigen Liedern, die damals entstanden, haben wir den «ausgelernten», den reifen Meister vor uns. Insbesondere Schuberts Lieder für Männerquartett behaupten eine Sonderstellung in seinem Werk und in der Musikliteratur überhaupt: sie sind meist solistisch besetzt und für einen kleinen Freundeskreis gedacht. Darum haben sie nichts gemein mit der national-patriotischen oder platt volkstümlichen Liedertafelei, die damals in Mode kam. Wie im Sololied, so verstärkt Schubert auch beim chorischen Gesang den Ausdrucksgehalt des Worts durch die plastische Führung der vier Stimmen, durch melodischen und rhythmischen Erfindungsreichtum und durch die differenzierte Harmonik. «Nachthelle» (D 892) für Tenor-Solo und Quartett, «Grab und Mond» (D 893) für Quartett nach etwas sentimentalen Texten von Johann Gabriel Seidl sowie das Quintett «Mondenschein» (D 875) nach Franz von Schober gehören bis zum heutigen Tag zu den Perlen des Männergesangs.

Auch die Frauenstimmen bedachte Schubert mit Chorliedern. Wir lassen wieder eine Zeugin von der Entstehung eines solchen berichten, Anna, eine der Schwestern Fröhlich: «Sooft ein Namens- oder Geburtstag der Gosmar nahe war, bin ich allemal zu Grillparzer gegangen und habe ihn gebeten, etwas zu der Gelegenheit zu machen. Und wie dann bald der Schubert zu uns gekommen ist, habe ich ihm gesagt: ‹Sie, Schubert, Sie müssen mir das in Musik setzen.› Er: ‹Nun, geben Sie's einmal her.› Ans Klavier gelehnt, es wiederholt durchlesend, rief er ein- über das anderemal aus: ‹Aber, wie das schön ist – das ist schön!› Er sah so eine Weile auf das Blatt und sagte endlich: ‹So, es ist schon fertig, ich hab's schon.› Und wirklich schon am dritten Tag hat er es mir fertig gebracht, und zwar für einen Mezzosopran und für vier Männerstimmen. Da sagte ich ihm: ‹Nein, Schubert, so kann ich es nicht brauchen, denn es soll eine Ovation lediglich von Freundinnen der Gosmar sein.› Bald aber brachte er es mir dann für die Stimme der Pepi und den Frauenchor, wie es jetzt ist. – Wie wenig unser guter Schubert aber

Handschrift des Ständchens «Zögernd, leise» in der zweiten Fassung für Alt-Solo, Frauenchor und Klavier.

auf seine Sachen achtete und wie man sich nie auf sein Versprechen, zu kommen, verlassen konnte, können Sie gleich sehen. Ich hatte zu dem Geburtstage, für welchen das ‹Ständchen› bestimmt war und zum ersten Male aufgeführt wurde, meine Schülerinnen in drei Wagen nach Döbling, wo die Gosmar wohnte, geführt, das Klavier heimlich unter die Gartenfenster tragen lassen, und Schubert zur Aufführung eingeladen. Er war aber nicht gekommen. Anderen Tages, als ich ihn frug, warum er denn ausgeblieben sei, entschuldigte er sich: ‹Ach ja, ich habe darauf ganz vergessen.› Dann habe ich das ‹Ständchen› im Musikvereinssaale öffentlich aufgeführt, und ihn, nachdrücklich wiederholend, dazu geladen. Wir sollten schon beginnen, und noch immer sah ich unseren Schubert nicht. Dr. Jenger und Hofrat Walcher waren anwesend. Als ich nun zu diesem sagte, dass es mir doch gar zu leid täte, wenn er auch heute es nicht hören sollte - denn er hat es ja noch gar nicht gehört; wer weiss, wo er wieder steckt ... hatte Walcher die gute Idee: ‹Vielleicht ist er bei Wanner, Zur Eiche, auf der Brandstätte›, denn dorthin gingen zur Zeit die Musiker gerne wegen des guten Bieres. ‹Ich werde dorthin laufen.› Richtig sass er dort und kam mit ihm. Nach der Aufführung aber war er ganz verklärt und sagte mir. ‹Wahrhaftig, ich habe nicht gedacht, daß es so schön wäre.›» Es war das bekannte Ständchen «Zögernd, leise» (D 920). Ein anderes Werk, das Schubert auf Anregung der Schwestern Fröhlich schrieb, ist die machtvoll dramatische Kantate «Mirjams Siegesgesang» (D 942).

So ertragreich auch diese Zeit künstlerisch wieder war, die Einkünfte blieben mager. Wie karg sein Verdienst gewesen sein muß, erhellt eine Anekdote, die uns Schuberts Stiefbruder Andreas überliefert hat. Am Sonntagmittag, wenn Franz zu Besuch im Elternhaus war, soll er der guten Stiefmutter jeweils schmeichelnd zugeflüstert haben: «Nun, Frau Mutter, lassen Sie mich ein wenig nachsuchen; vielleicht finden sich ein paar Zwanziger in Ihren Strümpfen vor, die Sie mir schenken könnten, damit ich mir heute einen guten Nachmittag antun kann.» Und sie, die den Erlös aus dem Verkauf von des Vaters Schreibheften als Nadelgeld in der Schublade verwahrte, ließ ihn suchen. «Beglückt über die gewährte Erlaubnis und den Fund verliess er uns dann», berichtet Andreas.

Als Bauernfeld 1826 Schubert aufforderte, zu ihm in seinen Sommeraufenthalt nach Kärnten und Oberösterreich nachzukommen, antwortete der: «Ich kann unmöglich nach Gmunden oder irgend wo anders hin kommen, ich habe gar kein Geld u. geht mir überhaupt sehr schlecht.» Wie so oft war Schubert, sollte er die Hundstage nicht mutterseelenallein in der heißen Stadt verbringen wollen, wieder einmal auf die Hilfe seiner Freunde angewiesen. Und sie halfen auch diesmal: mit Schwind zusammen konnte er wenigstens zu Schober nach Währing hinausziehen. Als sie dort eines Morgens zu einem Ausflug aufbrechen wollen, sucht Schubert in der Schublade nach Socken. Soviel er aber auch wühlt, alle sind zerrissen. «Schwind», sagt er feierlich, «jetzt glaube ich wirklich, es werden keine ganzen mehr gestrickt.» Auch das Wetter läßt zu wünschen übrig. «Man kann im Mai noch in keinem Garten sitzen. Schrecklich! fürchterlich!! entsetzlich!!! für mich das Grausamste, was es geben kann! - Ich arbeite gar nichts.»

Das darf man nicht zu wörtlich nehmen, denn Schubert hatte die Fähigkeit, wo er ging und stand, in was für Umständen auch immer, zu komponieren. Und wenn ihm das Notenpapier ausging, zog er die Linien mit dem Bleistift von Hand. Auf diese Weise notiert er sich in Währing drei Lieder nach Texten von Shakespeare: das frohgelaunte Trinklied «Bacchus, feister Fürst des Weins» (D 888) aus «Antonius und Kleopatra», das vielgesungene Ständchen «Horch, horch! die Lerch im Ätherblau» (D 889) aus «Cymbeline» und den anmutsvollen Gesang an Silvia (D 891) aus «Die beiden Edelleute von Verona».

Nicht mehr als zehn Tage brauchte Schubert während jenes Landaufenthalts für die Niederschrift des Streichquartetts in G (D 887), das sein letztes bleiben sollte. Mit seinen erregten harmonischen und klanglichen Kühnheiten weist es weit in die Zukunft voraus, bereitet es den Schritt vor von der Romantik zum Impressionismus, wo der atmosphärische Klang sich selbständig macht. Das kurz darauf entstandene Rondo in h (D 895) und die Fantasie (D 934) für Violine und Klavier hingegen sind technisch anspruchsvolle, aber nicht eben schwergewichtige Virtuosenstücke.

Die «Deutsche Messe» (D 872), wohl die volkstümlichste Frucht dieses Sommers 1826, ist nicht im eigentlichen Sinn ein liturgisches Werk, sondern eine Folge von «Gesängen zur Feier des heiligen Opfers der Messe» für die Gemeinde. Wegen ihrer religiösen Empfindungstiefe fand die «Deutsche

Johann Michael Vogl und Schubert am Klavier, Federskizze Moritz von Schwinds zur Zeichnung «Ein Schubert-Abend bei Josef von Spaun» (S. 143/144).

Messe» von Anfang an Gefallen. «Ich glaube, das kommt daher», schrieb Schubert einmal seinen Eltern, «weil ich mich zur Andacht nie forcire, und, ausser wenn ich von ihr unwillkürlich übermannt werde, nie dergleichen Hymnen und Gebete componire, dann aber ist sie auch gewöhnlich die rechte und wahre Andacht.»

Noch einmal schloß sich in diesem Herbst der alte Freundeskreis, ja er weitete sich: schon im Juli war Bauernfeld heimgekehrt, im Herbst kam Spaun nach fünfjähriger Abwesenheit zurück, und «nun ging's an ein Erzählen!» Die frohe Runde ließ auch das schöne Geschlecht nicht aus – Vogl, der achtundfünfzigjährige Hagestolz, ging zur Überraschung aller mit einer jungen Schülerin die Ehe ein, Kupelwieser heiratete, und auch Spaun verlobte sich. Bei all den Neuigkeiten und festlichen Ereignissen ist Schubert mit dabei. So umfängt ihn noch einmal die schützende Wärme kameradschaftlicher Verbundenheit. Jeden Tag führt der Jurist Franz von Hartmann, Sohn einer mit dem Komponisten befreundeten Linzer Familie, über all die Zusammenkünfte Buch: «Um 10 Uhr zum Anker, wo Spaun, Schubert, Schober usw., die recht fidel sind ... Gegen 12 Uhr endlich nach Hause ... Ich gehe zu Spaun, wo eine grosse grosse Schubertiade ist ... Nachdem das Musizieren aus ist, wird herrlich schnabeliert und dann gtanzt ... Spax holt uns ins Kaffeehaus ab, wo auch Pepi, Schwind, Schubert, Schober, Bauernfeld, Derffel ... Dann wurden allgemein gymnastische und Taschenspielerkünste gemacht ... Bei Bogner sahen wir die Späune, Schober, Derffel, Schwind und Schubert ... Man spricht von Ritter-Romanen, Konviktsgeschichten usw. ... Wie wir aus dem Anker hinaustreten, ist alles tief angeschneit. Wir bekommen Lust zu schneeballen, was wir sogleich zur Ausführung bringen dort, wo sich die Grünangerstrasse in die Singerstrasse mündet. Spaun hilft mir, und Fritz und Schober dem Schwind. Schober trifft mich immer und tüchtig, und ich besonders ihn oder Schwind. Spaun schützt sich gegen die Schüsse herrlich mit seinem aufgespannten Regendach ...» Am 31. Dezember wird bei Schober Silvester gefeiert: «Man ist den ganzen Abend über sehr lustig, raucht Tabak und liest sehr spassige Briefe. Dann setzt man sich in das andere Zimmer zum Souper und wartet, bis es 12 Uhr schlägt. Mit Schlag 12 Uhr waren die Tokaiergläser gefüllt, und man trank sich auf das kommende Jahr Gesundheit zu. Wir tranken dann Kaffee, rauchten wieder, und um 2 Uhr endlich gingen anfangs Spaun und Enderes, dann wir andern.»

Die Zuneigung und Freundschaft, die Schubert empfängt, erwidert er um ein Vielfaches aus dem unerschöpflichen Quell seiner Kunst. Der angehende Pianist und Dirigent Ferdinand Hiller berichtet: «Eine kurze Weile nachdem

Der Kohlmarkt in Wien mit den Ladenräumen rechts der Kunst- und Musikalienhandlu

taria & Compagnie.

man die Mittagstafel verlassen, setzte sich Schubert ans Klavier, Vogl zur Seite, und nun begann ein einziges Konzert. Ein Lied, ein Gesang folgte dem andern - unermüdlich waren die Spendenden, unermüdlich die Geniessenden. Beide hatten so viel Leben und Empfindung, gingen so gänzlich auf in ihren Leistungen, dass es unmöglich gewesen wäre, die wunderbaren Kompositionen klarer und zugleich verklärter wiederzugeben. Man dachte weder an Klavierspiel noch an Gesang, es war, als ob die Musik gar keines materiellen Klanges bedürfe, als ob die Melodien wie Geistererscheinungen vor vergeistigten Ohren sich offenbarten.»

Im März 1827 rang Beethoven mit dem Tode. Auf dem Krankenbett wurde ihm zur Zerstreuung eine Sammlung von Liedern Schuberts vorgelegt. «Der hat den göttlichen Funken», sagte er und bedauerte, nicht mehr von ihm zu kennen.

Über die Begegnungen zwischen den beiden großen Musikern sind die Berichte derart widersprüchlich, daß Dichtung und Wahrheit schwer auseinanderzuhalten sind. Sie sollen sich mehrmals in der Stadt und auf dem Land gesehen haben, in Musikläden, auf Spaziergängen und an des Meisters Krankenbett, zu einer näheren Beziehung aber scheint es nicht gekommen zu sein. Fest steht, daß Beethoven den Jüngeren als Bruder im Geiste erkannt hat und dieser den Künstler und Menschen als Vorbild verehrte: «Der kann alles», schrieb Schubert über Beethoven, «wir aber können noch nicht alles verstehen, und es wird noch viel Wasser die Donau dahinwogen, ehe es zum allgemeinen Verständnis gekommen, was dieser Mann geschaffen. Nicht nur, dass er der erhabenste und üppigste aller Tondichter ist, er ist auch der mutwilligste.»

Am 29. März wird Ludwig van Beethoven zu Grabe getragen. Im Trauergeleit schreitet zusammen mit vielen Bewunderern und Honoratioren auch Franz Schubert neben dem Sarg, wie alle andern schwarz gekleidet, mit dunklen Handschuhen und einem wehenden Flor am linken Arm, in der Hand eine brennende Wachsfackel, als übernehme er damit den Geist des toten Meisters. Schubert stand zu Lebzeiten Beethovens unter dem Druck von dessen gebieterischer Größe, nun aber lastet auf ihm das verantwortungsvolle Erbe, letzter Vertreter der Wiener Klassik zu sein.

Angst und Trauer legten sich auf Schubert. «Er war lange und schwer krank gewesen, er hatte niederschlagende Erfahrungen gemacht, dem Leben war die Rosenfarbe abgestreift; für ihn war Winter eingetreten», schrieb Mayrhofer in seinen Erinnerungen. Und als ihn die besorgten Freunde auf seine Düsternis hin ansprachen, sagte er nur: «Nun, ihr werdet es bald hören und begreifen.» Kurz darauf spielte er ihnen die «Winterreise» (D 911) vor,

«Gute Nacht», das erste Lied aus dem Zyklus «Die Winterreise» nach Gedichten von Wilhelm Müller.

einen Liederzyklus wieder auf Gedichte von Wilhelm Müller. Aber welcher Unterschied zur «Schönen Müllerin»! Fand er dort bei allem Leid noch den Ton des Volkstümlichen, so sind diese Gesänge nun von Anfang bis Ende gestalteter Schmerz.

Mühselig schleppt sich der einsame Wanderer durch die kahle, kalte Winterwelt, «fremd bin ich eingezogen, fremd zieh ich wieder aus». Der

Wind spielt mit der «Wetterfahne», «gefrorne Tränen» fallen von seinen Wangen ab, und wehmütig träumt er vom «Lindenbaum» «am Brunnen vor dem Tore», von bunten Blumen und vom Klang des Posthorns. Es bringt aber kein Zeichen vom «lieben Liebchen», immer tiefer versinkt der Wandersmann in Eiseskälte und Einsamkeit. Selbst der «Leiermann» «drüben hinterm Dorfe», der mit starren Fingern seine Kurbel dreht, vermag ihn mit seinen monotonen Baßquinten nicht mehr aufzurichten. Trost findet der müde Wanderer nur in der Entsagung, im Vergessen. Diese schauerlichen - so nannte Schubert sie selbst - Bilder der Landschaft und der Seele weisen über tränenschweren Weltschmerz hinaus in die Nähe der Umnachtung, und es ist nur verständlich, daß der Sänger solcher Lieder bei seinen Freunden zunächst nur Kopfschütteln bewirkte. Das war nicht mehr der warmherzige Trostspender, den sie kannten und liebten. «Ach, ihr vernünftigen Leute!», ruft Goethes Werther aus. «Leidenschaft! Trunkenheit! Wahnsinn! Ich habe in meinem Masse begreifen lernen, wie man alle ausserordentlichen Menschen, die etwas Grosses, etwas unmöglich Scheinendes wirkten, von jeher für Trunkene und Wahnsinnige ausschreien musste.»

Zwischen die Komposition der beiden Teile dieses Zyklus fällt eine Reise nach Graz, zu der ihn sein Freund Johann Baptist Jenger eingeladen hatte. Er war dort Militärbeamter gewesen, hegte aber auch vielfältige musikalische Interessen. Ihm hatte Schubert es mit zu verdanken gehabt, daß ihn der Steiermärkische Musikverein zum Ehrenmitglied ernannte. Am Sonntag, den 2. September 1827, fahren die beiden abends mit dem Eilwagen in Richtung Semmering ab und reisen auf der Hauptpoststraße durch eine reiche Gegend mit Obstbäumen, Weinstöcken und malerischen Bauernhütten der Obersteiermark zu. Früh schon erkennt man am andern Abend in grauer Ferne den Schloßberg, zu dessen Füßen Graz liegt. Durch die lebhafte Vorstadt gelangen sie bald einmal zur gedeckten Brücke über die stahlgrüne Mur und von da aus in die Innenstadt mit ihren stattlichen, soliden Bauten. Dort werden sie vom kunstliebenden Advokaten Dr. Pachler und seiner charmanten Frau, einer vorzüglichen Klavierspielerin, herzlich empfangen, und auch die alten Freunde Anselm und Josef Hüttenbrenner kommen sie begrüßen. Es ist der Anfang einer Reihe sorgloser, von Musik und froher

S. 212/213: Johann Baptist Jenger und Anselm Hüttenbrenner, die Schubert in Graz bekannt machten und ihm die Ehrenmitgliedschaft im Steiermärkischen Musikverein vermittelten.

Laune bestimmter Tage, und Schubert fühlt sich bald einmal neu belebt. Am Samstag wirkt der «hochgefeierte Tonsetzer der Residenz» in einer musikalischen Akademie mit, es werden Schubertiaden veranstaltet, man unternimmt Ausflüge in die malerische Umgebung der Stadt, nach Schloß Wildbach und auf den Aussichtspunkt Hallerschlößl. Dort spricht man dem Schilcher zu, einem hellen, süffigen Rotwein aus der Gegend, den Schubert dort kennen und schätzen lernt. Das musikalische Souvenir dieser kurzen glücklichen Zeit sind die «Grazer Walzer» (D 924) und ein «Grazer Galopp» (D 925).

Am 20. September geht es in mehrtägiger Fahrt über Niederösterreich heimwärts. «Schon jetzt erfahre ich, daß ich mich in Grätz zu wohl befunden habe», bedankt sich Schubert bald nach der Ankunft bei seinen Grazer

Blick über die Mur mit der gedeckten Brücke und ihren Holzflößen auf Graz und das Wahrzeichen der Stadt, den Schloßberg und zu seinen Füßen die Domkirche.

Der Graben, eine der Hauptgeschäftsstraßen der Wiener Innenstadt, mit der mar-

mornen Dreifaltigkeitssäule, 1679 nach einer Pestseuche von Leopold I. errichtet.

Gastgebern. «Wien will mir noch nicht recht in den Kopf, 's ist freylich ein wenig gross, dafür aber ist es leer an Herzlichkeit, Offenheit.» Es ist nicht mehr eine Rückkehr wie früher, Schubert ist einsam geworden, und materielle Sorgen bedrängen ihn. Eines frühen Nachmittags kommt er ins Kaffeehaus beim Kärntnertortheater. Er läßt sich eine Melange geben und verzehrt ein halb Dutzend Kipferl dazu. Bauernfeld wundert sich über solch einen Appetit so bald nach Tisch. «Das macht», erwidert der Freund kleinlaut, «ich hab' eigentlich noch nichts gegessen.»

Bauernfeld weiß wieder Rat: «Dein Name klingt in aller Munde, und jedes deiner neuen Lieder ist ein Ereignis», stellt er fest. «Du hast auch die prächtigsten Streichquartette und Trios komponiert - der Sinfonien nicht zu gedenken! Deine Freunde sind davon entzückt, aber kein Kunsthändler will sie vorderhand kaufen, und das Publikum hat noch keine Ahnung von der Schönheit und Grazie, die in diesen Werken schlummern. So nimm dir einen Anlauf, bezwinge deine Trägheit, gib im nächsten Winter ein Konzert - nur von deinen Sachen natürlich!» «Du magst vielleicht recht haben», versetzt Schubert nachdenklich, «wenn ich die Kerls nur nicht bitten müsste.»

Er läßt sich aber doch herbei, die «Kerls zu bitten», und am 6. März kommt das Begehren zurück mit dem Bescheid: «Dem Herrn Gesuchsteller wird das erbetene Vereins-Lokale beim roten Igel zur Abhaltung eines privat. Konzertes mit Vergnügen unentgeldlich überlassen.»

Die Eintrittskarten werden gedruckt und in den Musikhandlungen ausgelegt, man kündigt das Programm an, das, wie damals üblich, aus mancherlei Musik besteht: ein Satz aus einem Streichquartett, mehrere Lieder für Solostimme, Frauen- und Männerchor, ein ganzes Klaviertrio. Es singen Michael Vogl, Josefine Fröhlich und andere, am Klavier begleitet Schubert selbst. Am 26. März 1828, dem ersten Jahrestag von Beethovens Tod, findet sich viel erwartungsvolles Publikum ein, und Bauernfeld hatte recht gehabt: «Der Saal war vollgestopft, jedes einzelne Stück wurde mit Beifall überschüttet, der Kompositeur unzählige Male hervorgerufen. Das Konzert warf einen Reinertrag von beinahe achthundert Gulden (Wiener Währung) ab - was damals für eine Summe galt! Die Hauptsache aber: Schubert hatte sein Publikum gefunden und war mit dem frischesten Mute erfüllt!»

Die Zeitungen allerdings nahmen nur spärlich Notiz von diesem Erfolg, ihre Spalten waren mit Berichten über einen Musiker angefüllt, der sich viel besser zu verkaufen wußte als der publikumsscheue Franz Schubert: der diabolische Geigenvirtuose Niccolò Paganini verhexte mit seinen Künsten ganz Wien, das in einen wahren Paganini-Taumel verfiel. Man nannte

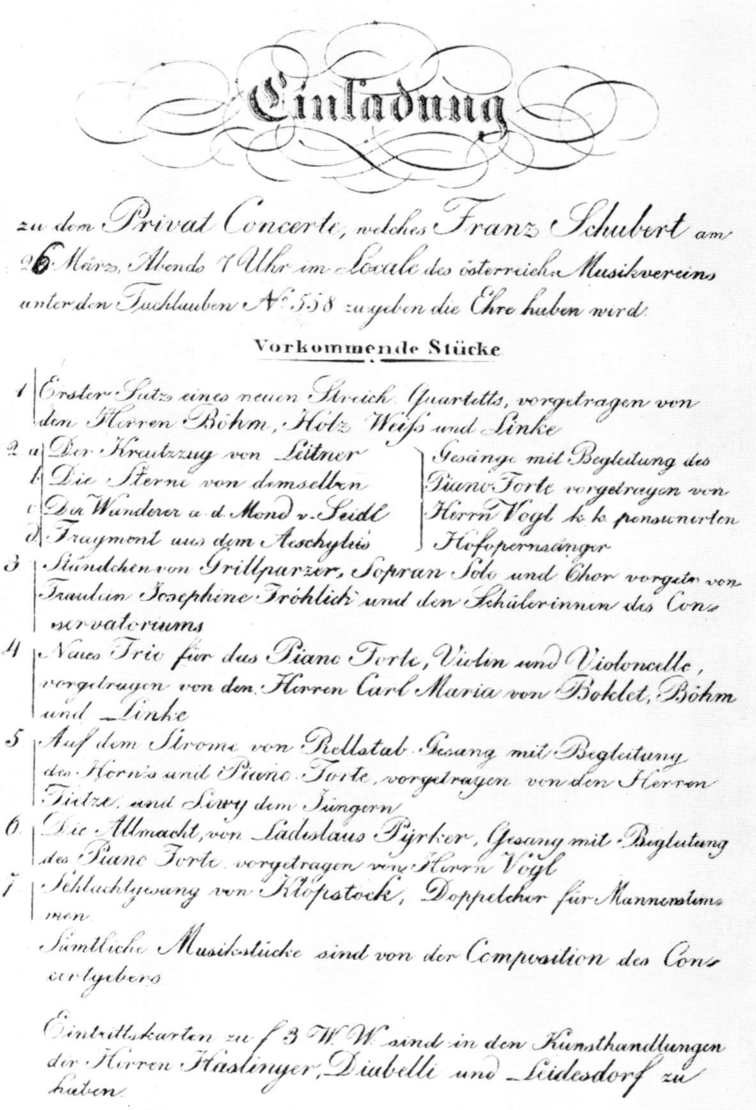

Lithographierte Einladung zum Privatkonzert am (handschriftlich korrigierten) 26. März 1828 mit Werken von Schubert.

Rechts: Niccolò Paganini, der dämonische Violinvirtuose, der das Publikum seiner Zeit mit seiner phänomenalen Technik behexte.

Links: Franz Schubert, Ölgemälde nach dem Gedächtnis von Wilhelm August Rieder.

Frisuren, Kleider und Speisen nach ihm, versah Tabaksdosen und Stöcke mit seinem Konterfei.

Auch Schubert ließ sich von den bis anhin ungekannten Kunstgriffen, den Flageolettmelodien, den Pizzicati und den Doppeltrillern dieses legendenumwobenen Magiers auf der Violine bezaubern. «Dummes Zeug!», rief er aus, als Bauernfeld die Preise für solch ein Konzert unerschwinglich fand. «Ich hab' ihn schon einmal gehört und mich geärgert, daß du nicht dabei warst! Ich sage Dir, so ein Kerl kommt nicht wieder! Und ich hab' jetzt Geld wie Häckerling - komm also!» Nach dem Konzert hielt er den Freund in einem Gasthaus frei und setzte «eine Flasche mehr als gewöhnlich auf Kosten der Begeisterung».

Endlich also war Schubert nun einmal bei Kasse. Er konnte seine Schulden bezahlen und sich erst noch einen Graff-Flügel anschaffen. Darüber hinaus aber lud er die Freunde in Spendierlaune so lange ein, bis von dem ganzen schönen Geld nichts mehr übrig war. So verflogen auch bald einmal die Pläne für einen Sommeraufenthalt in Gmunden oder Graz: «Die nicht ganz brillanten Finanz Umstände des Freundes Schubert», muß Jenger der Frau Pachler melden, «sind die Hindernisse, warum wir beide nicht dermal von Ihrer gütigen Einladung, nach Grätz zu kommen, Gebrauch machen können. Schubert hat ohnehin projektiert gehabt, ein Teil des Sommers in Gmunden und der Umgebung zuzubringen, woran ihn jedoch bis jetzt die obbesagten Finanz Verlegenheiten abgehalten haben. Er ist dermalen noch hier, arbeitet fleissig an einer neuen Messe, und erwartet nur noch - wo es immer herkommen mag - das nötige Geld, um sodann nach Ober-Österreich auszufliegen.»

Wie schon so oft, tröstet sich Schubert mit Komponieren über die Misere hinweg. Das von Jenger erwähnte Werk ist die Messe in Es (D 950). Sie ist sein kirchenmusikalisches Vermächtnis, Rückblick auf das Leben und Ausblick auf den Tod zugleich. Die Partitur hält gleichsam in Musik fest, was Schubert in Worten einmal an seinen Bruder Ferdinand schrieb: «Er würde das winzige Menschenleben nicht so sehr lieben, als dass er es nicht für ein grosses Glück halten sollte, der unbegreiflichen Kraft der Erde zu neuem Leben wieder anvertraut zu werden.»

Diese letzte Messe weist über die kirchliche Liturgik hinaus ins Allgemeingültige. Demütig, aber doch frei bittet das «Kyrie» um Mitleid, jubelnd weitet es sich zum «Gloria», in das die Posaunen, Bruckner vorausnehmend, mächtig mit einstimmen; die wuchtige Fuge, mit der das Gloria endet, beweist eindrücklich, daß Schubert sich sehr wohl auch auf den strengen musikalischen Satz verstand. Das Glaubensbekenntnis «Credo» beseitigt mit seinen choralartigen Harmonien alle Zweifel, steht fest im Vertrauen auf Gott. Das «Sanctus» rückt diese Messe in die Nachbarschaft von Bachs h-Moll-Messe und Beethovens Missa solemnis: als eine zeitlos gültige, großartige Offenbarung des menschlichen Geistes. Mit dem «Benedictus» kehren wir aus diesen lichten Höhen zur Ruhe zurück. Das «Agnus Dei» wühlt die Leidenschaften nochmals auf: die Seele leidet unter der Trübnis des Lebens, bis sich - im «Dona nobis pacem» - Friede über sie senkt.

Noch ein weiteres Vermächtnis hinterließ uns Schubert in dieser letzten, nicht nur an Fülle, sondern auch an Bedeutsamkeit unfaßbar reichen Schaffensperiode: das Streichquintett in c (D 956) für zwei Violinen, Viola und zwei Violoncelli. Das letztgenannte Instrumentenpaar legt den Grund zu jenem tiefen, ausdrucksvollen Klang, der dieses Werk zur Erfüllung der Romantik in der Musik macht. Es ist inhaltlich wie formal gleichermaßen gelungen: Musik, die man nicht beschreiben kann, sondern hören muß. Dem männlich edlen ersten Satz folgt ein wunderbar beseeltes, sehnsuchtsvolles Adagio, ergreifend und geheimnisvoll, eines der großartigsten Stücke, die

Schubert geschrieben hat. Das energische Scherzo, in dessen Mitte ein seltsam feierliches Trio steht, führt uns mit seinem Lebenswillen wieder zum Diesseits zurück. Das burschikose Allegretto-Finale schließlich rundet das Quintett mit seinen ungarisch-slawischen Anklängen wirbelnd zu einem kunstvollen Ganzen ab, in dem sich Helles und Dunkles, Freude und Trauer in vollkommener Ausgeglichenheit die Waage halten. Schubert selbst hat das Werk, das wie so vieles Herrliche von ihm erst nach seinem Tod entdeckt wurde, nie gehört.

Neben dem Streichquintett entstehen damals weitere Werke der Gattung Kammermusik: die Trios in B (D 898) und Es (D 929). In sie legt er alle Erfahrung, die er in der Verbindung von Klavier und Streichinstrumenten – hier Violine und Violoncello – bis anhin gesammelt hat. Und er bringt damit das Kunststück fertig, den unkundigen genauso wie den gelernten Hörer in seinen Bann zu ziehen, so vollendet weiß er Meisterschaft und Eingängigkeit zu verflechten. Das erste Trio wirkt hell glänzend und, wie Schumann, der von den bedeutenden Nachfahren Schuberts wahre Größe als erster recht eigentlich erkannt hat, schrieb, eher weiblich, das zweite dagegen mehr herb und männlich.

Nicht nur als Partner des Zusammenspiels, auch als Soloinstrument wird das Klavier in diesem frühen Nachsommer von Schuberts Leben reich bedacht. Neben der Sonate in G (D 894) aus dem Jahr 1826, die man ihrer konfliktlosen Lyrik wegen mit Beethoven auch «quasi una fantasia» nennen könnte – eine Fantasie von unerschöpflichem Reichtum allerdings! –, entstehen in den letzten Lebenstagen drei weitere Sonaten, die, obwohl man sie formal durchaus als solche erkennen kann, eigentlich eher Klavierdichtungen sind.

Die Sonate in c (D 958), von aufwühlend gedankentiefem Grundgehalt, ist trotz ihres klassisch strengen Adagios Schuberts «Appassionata». Im Gegensatz dazu wirkt die Sonate in A (D 959) anmutig melodiös und musizierfrisch; gleichwohl ist sie rhythmisch prägnant und voller harmonischer Überraschungen. Die Sonate in B (D 960) schließlich, seine letzte, ist auch die bedeutendste. Edle Schönheit liegt über ihr, Grazie und Dramatik wetteifern miteinander und werden doch zu einer Einheit gebändigt – man könnte allein mit der Schilderung aller Eingebungen in dieser Sonaten-Trias Seite um Seite füllen und käme doch an kein Ende damit.

Noch einmal denkt Schubert in diesen Tagen zurück an das Zusammensein mit Karoline, Komtesse Esterházy. Ihr widmet er, gewissermaßen als Abschiedsgruß, die Fantasie in f für Klavier zu vier Händen (D 940). Sie ist die Fortsetzung der «Wanderer-Fantasie»: vier Sätze, die ineinander über-

Das k. k. Hoftheater am Kärntnertor in Wien. Hier wurde im Jahre 1820 Schuberts Sin

Zwillingsbrüder» uraufgeführt.

gehen und wie von einer einzigen Idee getragen innerlich zusammenhängen. Schubert nimmt nicht mehr zur Weitschweifigkeit Zuflucht, abgeklärte Einfachheit herrscht vor. Das melancholisch rhythmische Anfangsthema ist ein Geniestreich – welch weiter Weg führt von den ersten Jugendfantasien von 1810 und 1811 bis zu dieser Sternstunde der europäischen Klaviermusik!

Werfen wir noch einen Blick auf leichtere Erzeugnisse jener Zeit, die aber um nichts weniger charakteristisch für Schubert sind. Wir denken an die Impromptus (D 899, 935), eine Art poetisierender Stegreifkompositionen, die sich von Scarlatti und Rameau über Schubert hinaus bis zu Schumann, Brahms und Reger verfolgen läßt. Unser Meister aber blieb unerreicht in der Formung dieser Stücke zu geschlossenen, verdichteten Miniaturen musikalischer Romantik. Anders als seine meisten übrigen Werke wurden diese Impromptus so sehr Allgemeingut der Musikliebhaber, der «Halbpelzer», wie sie Schubert genannt haben würde, daß man sie sich am liebsten nur noch in die Hände wahrer Könner wünscht.

Die Kunst der Verknappung und der formalen Bescheidung, die Schubert im Instrumentalen erlangt hatte, wird auch in den Gesängen seiner späten Zeit wahrnehmbar, am deutlichsten in jenem Zyklus, den wir heute als seinen «Schwanengesang» kennen. Es sind dies dreizehn Lieder nach Gedichten von Rellstab und Heine (D 957). Wir greifen nur einige heraus:

Die Texte Ludwig Rellstabs, eines führenden Berliner Musikkritikers, sind eher konventionell, aber Schubert gibt ihnen ein musikalisches Kleid, das alle Moden überdauern sollte. Wieder rauscht – in der «Liebesbotschaft» – silberhell das Bächlein, blüht «Frühlingssehnsucht» auf und wird – im berühmten Ständchen «Leise flehen meine Lieder» – das Lied des Liebenden von zarter Mandolinenbegleitung umspielt.

Heinrich Heines unpathetisches «Buch der Lieder» dagegen war für die damalige Zeit kühn und ungewohnt. Schubert hatte es Anfang 1828 kennengelernt, und es reizte ihn, einiges davon musikalisch zu fassen. Schwer schleppt «Der Atlas» an der Welt der Schmerzen, die Vision der «Stadt», ein finsteres Naturbild, nähert sich wieder der «Winterreise». «Am Meer» erglänzen im Abendschein mystische Akkorde, und «Der Doppelgänger» gibt sich in seiner monotonen Eindücklichkeit expressiv modern, als Vorläufer wagnerischer Deklamatorik.

Ein Nachhall der glücklichen Grazer Reise ist «Der Hirt auf dem Felsen» (D 965) für Singstimme, Klarinette und Klavier, eine klangschöne, sanfte Idylle, welche das bukolische Timbre des Blasinstruments geschickt ausnützt.

Illustration zur ersten Ausgabe der Gesangsszene «Der Hirt auf dem Felsen» für Singstimme, Klarinette und Klavier, die Schubert 1828 für die Sängerin Anna Milder-Hauptmann komponierte.

Ähnlich wie dem Streichquintett erging es auch Schuberts letztem großen Instrumentalwerk, der Sinfonie Nr. 8 in C (D 944) – die Numerierung schwankt, je nachdem, ob Nichtvollendetes oder Verschollenes mitgezählt, Entdeckung oder Erstaufführung berücksichtigt wird; wir folgen dem neuen Deutsch-Verzeichnis –: sie wurde erst ein Dezennium nach seinem Tode von Schumann entdeckt und von Felix Mendelssohn in Leipzig uraufgeführt. Zu Schuberts Lebzeiten hatten Wiener Musiker sie noch als zu schwierig und zu lang abgelehnt!

Dieses Urteil geistert heute noch in manchen Köpfen herum, und Schumann hat nicht wenig dazu beigetragen, als er das gutgemeinte, aber gefährliche Wort von Schuberts «himmlischen Längen» prägte. Es ist wahr: er läßt sich gern auf dem breiten Strom seiner Eingebungen treiben, ohne ihn mit Wällen einzudämmen. Und dennoch: «Verweile doch! Du bist so schön!», möchte man mit Faust rufen, wenn er vor uns die Fülle seiner Inspirationen entfaltet. Die ruhigen Stellen dazwischen nehmen sich wie Ruhepausen aus, die unsere Seele braucht, um sich wieder neuen Aufschwüngen auszusetzen.

Das Gebäude der Gesellschaft der Musikfreunde «Zum roten Igel» in den Tuchlauben, daneben links Schuberts Wohnhaus «Zum blauen Igel».

Bei aller Ausdehnung ist die C-Dur-Sinfonie – deren Teile in Wahrheit weniger Takte haben als mancher Beethoven-Satz – von Anfang bis Ende homogen und einheitlich. Das Unisono zu Beginn der Hörner, jener erzromantischen Instrumente, ist ein wahrhaft klassisches Motiv, selbstverständlich und kunstvoll, es erklingt wie aus Eichendorffscher Ferne und ist doch klar in sich geschlossen; großartig weitet es sich zum Allegro des Hauptsatzes aus, wo der vom Eingang her vertraute punktierte Rhythmus mit einem neuen Triolenmotiv gekoppelt wird, das nach unerschöpflichem Themenspiel zur rauschenden Coda überleitet. Das langsam schreitende Andante con moto ist trotz der vielen Einfälle, die es birgt, klar profiliert und einheitlich gestimmt. Es gipfelt wieder in einer wunderbaren Hornstelle, dem «himmlischen Gast», wie Schumann sie nannte. Das buntbewegte Scherzo eilt schwelgerisch durch fast alle Tonarten und beruhigt sich nur im Trio zu romantischem Gesang. Das turbulente Finale endlich reißt «aufgeknöpft», wie der Wiener sagen würde, Rhythmen und Melodien in seinen Wirbel, bis es sich nach einer mächtigen Steigerung in einer breiten Kadenz zum tiefen Schluß-C aussingt.

Schuberts Achte ist einer der Gipfel der Sinfonik, sie ist die Summe seines Wesens, das ganz im Österreichischen und seiner Landschaft wurzelt. Einem Hörer, der für ihre kosmischen Proportionen kein Verständnis zeigte, entgegnete Schwind: «Wenn nur net Sie zu kurz san!»

Schubert selbst ist, während er diese reiche Ernte einbringt, alles andere als zum Lachen zumute. Er kränkelt von Tag zu Tag mehr: die Kopfschmerzen werden heftiger, er leidet an Blutwallungen und Schwindelanfällen. Der Arzt rät ihm, aus der stickigen Enge der Stadt hinaus auf das Land zu ziehen. Am 1. September 1828 übersiedelt er aus dem «Blauen Igel» unter den Tuchlauben, wo er zuletzt bei Schobers im zweiten Stock zwei Zimmer und eine Notenkammer gehabt hat, in die Neue Wiedener Vorstadt, heute Kettenbrückengasse 6. Dort hat Bruder Ferdinand in einem eben fertiggestellten Neubau Wohnung bezogen. Die Räume sind noch feucht, die kotige Gasse vor der Türe ist noch nicht ausgebaut, eine Wolke dichten Staubs lagert über ihr und legt sich auf die Lungen. Nicht Heilung, Verschlimmerung ist für den Leidenden die Folge dieses Wohnungswechsels.

Trotz dieser mißlichen Lage arbeitet er fiebrig weiter, korrespondiert mit Verlegern und versucht, seine Kompositionen unterzubringen. Zwischenhinein, anfangs Oktober 1828, macht er mit Ferdinand und zwei Freunden eine dreitägige Pilgerwanderung nach Eisenstadt im Burgenland zum Grabe Joseph Haydns. Schubert genießt diesen Ausflug, er lebt sichtbar auf, die alte Heiterkeit stellt sich wieder ein. Kaum heimgekehrt, verstärkt sich jedoch die

Schuberts Sterbehaus in der Vorstadt Neu-Wieden, heute Kettenbrückengasse 6.

Unpäßlichkeit. Schubert hat sich aus schlechtem Trinkwasser den Typhus geholt.

Eines Abends geht er mit den Freunden Fisch essen. Plötzlich wirft er Messer und Gabel weg, läßt das Gericht angeekelt stehen. Es ist ihm, als sei es Gift. «Von diesem Augenblicke an», berichtet Ferdinand, «hat Schubert fast nichts mehr gegessen noch getrunken und bloß Arzneien genommen.» Trotzdem bleibt er zuversichtlich. «Mir fehlt eigentlich nichts», sagt er zu Spaun, als der ihn besuchen kommt, «nur fühle ich mich so matt, daß ich glaube, ich soll durch das Bett durchfallen.»

Es hilft alles nichts, auch Spaziergänge an die frische Luft bringen keine Linderung, wegemüde sinkt er ins Bett, der geschwächte Körper vermag keinen Widerstand mehr zu leisten. «Ich bin krank», klagt er Anfang November Schober, «ich habe schon elf Tage nichts gegessen und nichts getrunken und wandle matt und schwankend von Sessel zu Bett zurück. Wenn ich auch was geniesse, so muss ich es gleich von mir geben.»

Obwohl ihn die Familie seines Bruders Ferdinand und die fürsorgliche kleine Halbschwester Josefa aufopfernd betreuen, verschlimmert sich sein Zustand. Am 16. November halten die Ärzte am Krankenbett ein Konsilium. Die Behandlung wird geändert: Aderlaß, Zugpflaster und Senfwickel werden verordnet. Nach einer Taschenuhr, die über einem Stuhl neben dem Bett hängt, nimmt der geduldige Patient pünktlich seine Medikamente ein. In der dritten Woche kommt die Krise. Schubert gerät ins Delirium und singt vor sich hin. Plötzlich hält er angstvoll inne. «Halte dein Ohr an meinen Mund», flüstert er dem Bruder zu, «du, was geschieht denn mit mir?» – er weiß nicht mehr, wo er ist, steht auf, will fort. Als der Arzt kommt, sieht er ihn durchdringend an, deutet mit der schlaffen Hand gegen die Wand und sagt: «Hier, hier ist mein Ende – –.»

Am 19. November 1828 um drei Uhr nachmittags entschläft Franz Schubert. Sein unverändert freundliches Antlitz zeigt keine Spur von Kampf. Der Wanderer ist am Ziel – der so oft besungene Gevatter Tod hat ihn sanft bei der Hand genommen und ins Reich der ewigen Harmonie geführt.

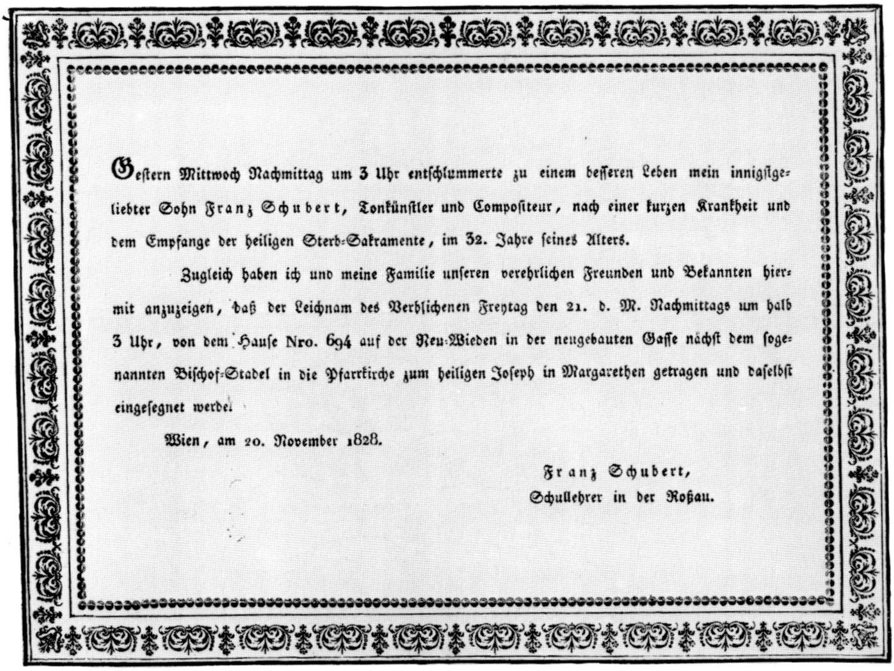

Gestern Mittwoch Nachmittag um 3 Uhr entschlummerte zu einem besseren Leben mein innigstgeliebter Sohn Franz Schubert, Tonkünstler und Compositeur, nach einer kurzen Krankheit und dem Empfange der heiligen Sterb-Sakramente, im 32. Jahre seines Alters.

Zugleich haben ich und meine Familie unseren verehrlichen Freunden und Bekannten hiermit anzuzeigen, daß der Leichnam des Verblichenen Freytag den 21. d. M. Nachmittags um halb 3 Uhr, von dem Hause Nro. 694 auf der Neu-Wieden in der neugebauten Gasse nächst dem sogenannten Bischof-Stadel in die Pfarrkirche zum heiligen Joseph in Margarethen getragen und daselbst eingesegnet werde.

Wien, am 20. November 1828.

Franz Schubert,
Schullehrer in der Roßau.

Todesanzeige Schuberts, die der Vater drucken ließ und am 20. November 1828, einen Tag nach dem Hinschied seines Sohnes, versandte.

EPILOG

Eduard von Bauernfeld

Schubert

Dezember 1828

Habt Ihr's erlebt, daß wohl des Lenzes Blüten
der Reif verbrennt' in einer einz'gen Nacht?
Saht Ihr die Rosen, die am Morgen glühten,
am Abend leer der angebornen Pracht?
Und Sterne, die am reinen Himmel sprühten,
verschlungen plötzlich von Gewitters Macht?
Das Alles saht Ihr, und ich hört Euch klagen:
wie nichts beständig sei in diesen Tagen.

Und hörtet Ihr das Lied mit trunk'ner Seele
und saugtet Euch in seine Weisen ein?
Und sehntet Euch, daß er Euch nimmer fehle,
der süße Ton, er ewig möchte sein?
Daß er sich Eure Brust zum Sitz erwähle,
das Leben schmückend, wie mit gold'gem Schein? –
Und dennoch schwand er – und [Du] mußtest wieder
ins dunkle Treiben aus dem Glanz der Lieder.

Ach, daß ein Lied entschwebt, – der Sang ist flüchtig –
man muß es dulden, und man wird's gewohnt;
und daß die Rose welkt, – ihr Glanz ist nichtig –
sie blüht ja wieder, wird oft lang verschont; –
doch wenn der Gärtner, Sänger, beide tüchtig,
in deren Brust die schöne Kunst gethront,
wenn sie, weit schneller als ihr Werk, vergangen,
in Jugend-Glanz und Kraft – das macht uns bangen.

So schwand *der* Mann im Vollgefühl des Lebens,
um den wir trauern; – schwand gleich seinem Lied, –
gebrochen in der Blüte seines Lebens,
in üpp'ger Jugend, die nicht wieder blüht;
wir zweifeln – unser Zweifeln ist vergebens –
der kehrt nicht wieder, welcher dorthin zieht;
und dennoch fragen wir, im dumpfen Sinnen:
War's nicht ein Traum? Und schied er denn von hinnen?

War Einer wert, sein Leben hoch zu bringen, –
er war der Mann: So redlich, wahr und treu,
so wenig strebend nach gemeinen Dingen,
so kunstgewandt, so ohne Künstelei;
ein Fühlen schien sein Leben zu durchdringen,
das macht ihn sinnig, aber froh dabei;
es ging, schien er auch häufig arm an Worten,
viel ein und aus durch seines Herzens Pforten.

Vor Allem hat er, was in unsern Zeiten
fast selten wird, das Große stets verehrt:
was edel war, von dem ließ er sich leiten,
nicht, was der Pöbel anpries, hatt' ihm Wert;
den großen Meistern sucht er nachzuschreiten;
und übte prüfend, was ihn *die* gelehrt;
die Glut, die in ihm glomm, der Welt zur Freude,
schützt' ihn vor eitlem Dünkel, armem Neide.

Sprech' ich von seiner Kunst? – Wem sind die Lieder
noch nicht verklungen? wer blieb unbewegt?
Ihr lauschtet oft entzückt, und lauschtet wieder!
Segnend den Gott, der ihm den Sang erregt;
ein ganzer Himmel stieg zur Erde nieder,
ein Frühling, der im Herzen Blüten schlägt:
es war die Kunst, die herrliche, die frohe,
die von den Himmeln stammt, die reine, hohe.

Wem dankt man mehr, als der uns den Beschwerden
des Tags entrückt durch holde Phantasi'n?
Er tat es oft, – und schied er von der Erden,
doch sollen seine Töne sie durchzieh'n;
nein, dieser Mann soll nie vergessen werden,
sein, – unser Vaterland ist stolz auf ihn:
wir werden ihn von Land zu Land verkünden,
und fremde Freunde seinen Liedern finden.

Ach, – und er selbst! – Ich seh' ihn krank, ermattet,
und überwältigt rasch von Fieberglut,
schon von des Todes Dunkel halb umschattet,
gebrochen all' die Kraft, der Lebensmut.
Da liegt der Freund – der Freund – – ach, den Ihr *hattet!*
Die Seele ringt mit dem erstarrten Blut,
bis sie, im Fiebertraum für Kunst noch brennend,
der Erd' entflieht, die Erde nicht mehr kennend.

So haben wir ein großes Recht zu trauern,
die Freunde, seine Lieben wohl zumeist! –
Wer bliebe fühllos bei des Todes Schauern? –
Doch wer vergäße den lebend'gen Geist?
Er wird ja *über* uns're Schmerzen dauern,
dort, dort, wohin uns uns're Sehnsucht weis't:
wohin ein Meister kurz vor ihm gegangen,
dem er sich nun darf nähern nach Verlangen.

Und uns, wird unser Schmerz allmählich mäßig,
erscheint er selbst in einem schönen Glanz;
kein Mund ist bald in seinem Lobe lässig,
vergessen jeder ird'sche Makel ganz;
sprach eine Zunge hie und da gehässig,
sie schweigt nun gern, und gönnt ihm einen Kranz;
denn das erringt sich Einer nach dem Leben:
die Welt ist minder scheu, ihn zu erheben.

Drum trauert mild, und horcht den Liedern gerne,
sein bestes Erbteil, das er Allen ließ,
sie klingen her, wie aus bekannter Ferne,
sie klingen uns ins Herz so wohl und süß, –
wir blicken aufwärts in das Meer der Sterne,
wir lächeln, – sind nicht länger ungewiß:
er ist nicht tot im ew'gen Reich des Schönen,
und seine Seele lebt in seinen Tönen.

SCHUBERT-CHRONIK

(Schuberts wichtigste Werke und ihre Entstehungszeiten sind in einem gesonderten Verzeichnis aufgeführt)

1797 31. Januar, 1/2 2 Uhr nachmittags: Franz Peter als zwölftes Kind des Schulmeisters Franz Theodor Schubert und seiner Frau Maria Elisabeth im Himmelpfortgrund (heute Nußdorferstraße 54), einer Vorstadt Wiens, geboren.

1801 Herbst: Die Familie übersiedelt in das Haus «Zum schwarzen Rössl» (heute Säulengasse 3).

Josef Lanner, Albert Lortzing, Johann Nestroy geboren.

1802 Napoleon Bonaparte wird lebenslänglicher Konsul. Beethoven schreibt das «Heiligenstädter Testament».

1803 Schubert in der Schule seines Vaters.

1804 Bonaparte zum Kaiser Napoleon I. gekrönt.

Johann Strauß Vater geboren.

1805 Erster Musikunterricht im Elternhaus und beim Chorregenten Michael Holzer.

3. Koalition Englands, Rußlands und Österreichs gegen Frankreich.

Adalbert Stifter geboren; Friedrich von Schiller gestorben.

1807 Schubert Sopranist und Geiger in der Pfarrkirche Lichtenthal.

1808 Hofsängerknabe im k. k. Konvikt am Universitätsplatz (heute Dr.-Ignaz-Seipel-Platz). Freundschaft mit Josef Spaun.

1809 9. Mai: Wien von den Franzosen bombardiert, Unterbrechung der Orchesterübungen im Konvikt.

31. Mai: Joseph Haydn stirbt.

1810 Erste erhaltene Komposition: Fantasie in G für Klavier zu vier Händen.

Frédéric Chopin, Robert Schumann geboren.

1811 Lied «Hagars Klage»; Fantasie in g für Klavier zu vier Händen.

Franz Liszt geboren.

1812 28. Mai: Mutter Schubert stirbt. Ab Juni: Unterricht bei Antonio Salieri. Juli: Stimmbruch.

Ouvertüre in D; Salve regina in F; Kyrie in d; Ouvertüre «Der Teufel als Hydraulicus»; Streichquartett in C.

Rußland-Feldzug Napoleons.

Werke von Achim von Arnim und Matthias Claudius erscheinen; Beethoven und Goethe begegnen sich in Teplitz.

1813 25. April: Wiederverehelichung des Vaters. Herbst: Schubert verläßt das Konvikt und besucht die Lehrer-Bildungsanstalt.

Fantasie in c für Klavier zu vier Händen; Oktett in F; Streichquartette in C, B und D; Kantate «Zur Namensfeier meines Vaters»; Sinfonie Nr. 1 in D.

Freiheitskriege gegen die französische Herrschaft.

Giuseppe Verdi, Richard Wagner geboren; Theodor Körner gefallen.

1814 Schubert Gehilfe in der Schule des Vaters. Liebe zu Therese Grob. 16. Oktober: Aufführung der Messe in F in der Lichtenthaler Kirche. Dezember: Schubert lernt durch Spaun Johann Mayrhofer kennen.

Singspiel «Des Teufels Lustschloß»; Messe in F; Lied «Gretchen am Spinnrade».

Wiener Kongreß.

Beethovens «Fidelio» aufgeführt.

1815 Herbst: Franz von Schober kommt nach Wien.

Sinfonie Nr. 2 in B; Klaviersonate in E; Singspiel «Der vierjährige Posten»; Sinfonie Nr. 3 in D; Singspiele «Fernando», «Claudine von Villa Bella», «Die Freunde von Salamanka»; etwa 145 Lieder, darunter «Heidenröslein», Ossian-Gesänge, «Erlkönig».

Antiliberale Allianz zwischen Rußland, Österreich und Preußen.

Matthias Claudius gestorben; Goethe: Suleika-Gedichte.

1816 Anselm Hüttenbrenner Mitschüler bei Salieri. April: Erfolglose Bewerbung um Musiklehrerstelle in Laibach. Spaun schickt Schubert-Lieder an Goethe. Juni: Schober nach Schweden. Herbst: Schubert wohnt bei Familie Schober in der Inneren Stadt (heute Neubau Tuchlauben 20).

Sinfonien Nr. 4 in c und Nr. 5 in B; Tänze für Klavier; über 100 Lieder, darunter «An Schwager Kronos», weitere Ossian-Gesänge, Mignon- und Harfner-Lieder, «Der Wanderer», «Wiegenlied».

Rossini: «Der Barbier von Sevilla», «Otello»; Goethe: «Die italienische Reise»; E. T. A. Hoffmann: «Die Elixiere des Teufels»; Tieck: «Phantasus».

1817 Frühjahr: Schober stellt Schubert den Sänger Johann Michael Vogl vor. August: Schubert wieder Schulgehilfe, jetzt in der Rossau (heute Neubau Grünetorgasse 11).

Sechs Klaviersonaten; zwei Ouvertüren im italienischen Stil; gegen 60 Lieder, darunter «Der Tod und das Mädchen», «Ganymed», «An die Musik», «Die Forelle».

Grillparzer: «Die Ahnfrau».

1818 März: Erste öffentliche Aufführung eines weltlichen Werks, einer der Ouvertüren im italienischen Stil. Juli: Schubert als Musiklehrer des Grafen Johann Karl Esterházy nach Schloß Zseliz in Ungarn. November: Schubert in Wien zurück, zieht zu Mayrhofer in der Inneren Stadt (heute Neubau Wipplingerstraße 2).

Sinfonie Nr. 6 in C.

1819 Juli: Sommerreise nach Steyr und Linz.

Singspiel «Die Zwillingsbrüder»; Ouvertüre in e; Quintett in A («Forellenquintett»); Lied «Prometheus».

August von Kotzebue ermordet. Liberale Reaktion.

1820 März: Schubert unter Konspirationsverdacht. 4. April: Schubert dirigiert Haydns «Nelson-Messe». 14. Juni: «Die Zwillingsbrüder» im Kärntnertortheater aufgeführt. Schubert lernt durch Spaun den Maler Leopold Kupelwieser kennen. 19. August: «Die Zauberharfe» im Theater an der Wien aufgeführt. 21. November: Therese Grob heiratet Bäckermeister Bergmann.

Zauberspiel «Die Zauberharfe»; Oratorium «Lazarus»; Lied «Frühlingsglaube»; Streichquartett in c (Fragment); «Der 23. Psalm»; Lied «Der zürnenden Diana».

1821 Januar: Erste «Schubertiade» bei Schober. Schubert wohnt in der Inneren Stadt (heute Neubau Wipplingerstraße 15). Freundschaft mit Maler Moritz von Schwind und Schwestern Fröhlich. 7. März: Musikalische Akademie der «Gesellschaft adeliger Frauen zur Beförderung des Guten und Nützlichen» mit Werken von Schubert. Leopold Sonnleithner und weitere Freunde geben den «Erlkönig» auf Subskription heraus. Juli: Schubert in Atzenbrugg. September: Spaun übersiedelt nach Linz. Herbst: Schubert und Schober in St. Pölten.

«Gesang der Geister über den Wassern»; Suleika-Lieder; Entwurf zu einer Sinfonie in E.

5. Mai: Napoleon stirbt. Fürst Metternich antiliberaler österreichischer Innenminister.

1822 Februar: Zum Fasching kommen Tänze von Schubert heraus. März: Carl Maria von Weber dirigiert den «Freischütz» in Wien und lernt Schubert kennen. Schubert wird Mitglied der Gesellschaft der Musikfreunde. Bei der Familie Schober im Göttweiger Hof (heute Spiegelgasse 9).

Oper «Alfonso und Estrella»; «Gott in der Natur»; Messe in As; Sinfonie Nr. 7 in h («Unvollendete»); Fantasie für Klavier in C («Wanderer-Fantasie»); Lied «Der Musensohn».

1823 Schubert im Allgemeinen Krankenhaus. 6. April: Ehrenmitglied des Steiermärkischen Musikvereins. Juli: In Oberösterreich. August: Ehrenmitglied des Linzer Musikvereins. Schober nach Breslau. Mitte September: Schubert kehrt nach Wien zurück und wohnt auf der Stubentor-Bastei (heute Neubau Stubenbastei). 7. November: Kupelwieser nach Rom. 20. Dezember: «Rosamunde» im Theater an der Wien aufgeführt. Franz Lachner kommt als Organist nach Wien.

Klaviersonate in a; Singspiel «Die Verschworenen» («Der häusliche Krieg»); Oper «Fierabras»; Liederzyklus «Die schöne Müllerin»; Musik zum Schauspiel «Rosamunde»; Lieder «Du bist die Ruh», «Der Zwerg», «Auf dem Wasser zu singen».

Goethe: Marienbader Elegie; Beethoven: Neunte Sinfonie; Weber: Euryanthe.

1824 Mai: Schubert zum zweiten Mal in Zseliz. Neigung zur Komtesse Karoline Esterházy. Oktober: Rückkehr ins elterliche Haus in der Rossau.

Oktett in F; Streichquartett in a; Sonate in C («Grand Duo») und «Divertissement à l'hongroise» für Klavier zu vier Händen.

Anton Bruckner geboren; Beethoven: Missa solemnis, letzte Streichquartette; Heine: Harzreise.

1825 Februar: Im Haus des Johannes Fruhwirth neben der Karlskirche (heute Neubau Technikerstraße 9). Freundschaft mit Eduard Bauernfeld. Ende Mai: In Steyr, Linz und Gmunden. Spaun von Linz nach Lemberg versetzt. Juli: Schober aus Breslau zurück. August: Kupelwieser wieder in Wien. Schubert und Vogl über Salzburg in Badgastein. Ende September: Über Steyr nach Linz und Wien. Dezember: Johann Baptist Jenger übersiedelt von Graz nach Wien.

Sieben Gesänge aus Walter Scotts «Lady of the Lake», darunter «Ave Maria»; Klaviersonaten in C (unvollendet) und a; Beginn der Sinfonie in C; Lieder «Die junge Nonne», «Die Allmacht».

Jean Paul, Antonio Salieri gestorben; Johann Strauß Sohn geboren.

1826 23. Februar: Vater Schubert erhält das Bürgerrecht der Stadt Wien. 7. April: Bewerbung um die Stelle eines Vizehofkapellmeisters, die im Januar 1827 an Josef Weigl vergeben wird. Frühjahr und Sommer: Aufenthalte mit Schwind bei der Familie Schober in Währing. 26. Juni: Vogl heiratet. 17. September: Kupelwieser heiratet. Herbst: Schubert bei Schober in der Inneren Stadt (heute Neubau Bäckerstraße 6).

Streichquartette in d («Der Tod und das Mädchen») und G; Rondo in h für Violine und Klavier; Klaviersonate in G; Deutsche Messe.

Carl Maria von Weber gestorben; Eichendorff: Aus dem Leben eines Taugenichts.

1827 März: Schubert bei Schober im Haus «Zum blauen Igel» (heute Neubau Tuchlauben 14). 26. März: Beethoven stirbt. Schubert Fackelträger beim Leichenbegängnis. 2. September: Mit Jenger nach Graz und am 20. September zurück.

Liederzyklus «Die Winterreise»; «Ständchen» (Grillparzer); Klaviertrios in B und Es; Impromptus für Klavier; Fantasie in C für Violine und Klavier.

Heine: Buch der Lieder

1828 26. März: Erstes und letztes Kompositionskonzert Schuberts im Saal des Österreichischen Musikvereins. Frühjahr: Die neue C-Dur-Sinfonie wird von der Gesellschaft der Musikfreunde als zu lang und zu schwierig abgelehnt. 14. April: Spaun heiratet. 6. Mai: Sonnleithner heiratet. Sommer: Schubert kränkelt. 1. September: Auf Anraten des Arztes zieht er zu seinem Bruder Ferdinand in die Vorstadt Neu-Wieden (heute Kettenbrückengasse 6). Anfang Oktober: Ausflug nach Eisenstadt.

Mirjams Siegesgesang; Sinfonie Nr. 8 in C-Dur; Fantasie in f für Klavier zu vier Händen; Messe in Es; Lieder nach Gedichten von Heine und Rellstab («Schwanengesang»), darunter «Ständchen», «Der Doppelgänger»; Streichquintett in C; Klaviersonaten in c, A und B.

November: Schubert legt sich ins Bett. 17. November: Schubert deliriert. 19. November, 3 Uhr nachmittags: Schubert stirbt im Alter von einunddreißig Jahren an Typhus.

Franz Schuberts wichtigste Werke

Die in diesem Buch abgedruckten Bilder stammen von dem Archiv für Kunst und Geschichte, Berlin; von der Direktion der Museen der Stadt Wien; der Familie v. Ravenstein, Karlsruhe; der Gesellschaft der Musikfreunde Wien; dem Historischen Museum der Stadt Wien; der k. k. Hofbibliothek Wien; Herrn Roland Kempff, Ludwigshafen; der Österreichischen Nationalbibliothek, Wien; dem Österreichischen Staatsarchiv, Wien; dem Schubert-Museum, Wien; den Städtischen Sammlungen, Wien; Westermann-Foto/Buresch und der Wiener Stadt- und Landesbibliothek.